L'ART
D'ÊTRE PARENT

Tom Hodgkinson

L'ART D'ÊTRE PARENT

Laissez vos enfants tranquilles

Traduit de l'anglais par
CORINNE SMITH

ÉDITIONS LES LIENS QUI LIBÈRENT

Titre original :
The Idle Parent

L'édition originale de cet ouvrage a été publiée par Penguin Books Ltd, à Londres.

ISBN : 979-10-209-0754-7

À Arthur, Delilah Rose et Henry.

Introduction

« Laissez les enfants tranquilles. »
D.H. Lawrence [1]

Le culte du travail menace de détruire l'enfance. Les années d'enfance devraient être dévolues au jeu et à un apprentissage joyeux. Mais elles sont soumises à l'influence de gouvernements tyranniques obsédés par le travail et sont hélas étouffées par des objectifs à atteindre, des examens à passer et de longues heures d'école. Le temps de loisir des enfants se trouve envahi par des intérêts commerciaux sous la forme de divertissements et de jeux vidéo. Les parents ambitieux n'arrangent rien en faisant de l'enfance un temps de stress fait de compétition et de pénibles efforts. Les journées de nos enfants sont encombrées d'activités organisées par des adultes : danse, judo, tennis, piano, clubs sportifs, activités

1. D. H. Lawrence, *De la Rébellion à la Réaction*, traduit de l'anglais par Béatrice Dunner, Monaco, Editions du Rocher, 2004, p. 77.

encadrées… À la maison, on les divertit avec des écrans géants et des ordinateurs. Entre deux activités, on les attache dans des voitures et on les oblige à écouter des CD éducatifs. Des mères ambitieuses imposent à des enfants de dix ans épuisés de faire des devoirs à la maison pendant des heures, faisant planer au-dessus de leurs têtes l'épée de Damoclès des « futurs employeurs ». Elles achètent ensuite une console Nintendo avec joystick, ce gadget stupide et onéreux censé apporter un élément physique au jeu vidéo. Dans peu de temps, les enfants auront leurs propres smartphones pour gérer leurs emplois du temps si chargés.

Qu'est-il arrivé au jeu ? Je me souviens d'un dessin humoristique du *New Yorker* montrant deux enfants se tenant l'un à côté de l'autre, chacun avec son smartphone sous les yeux. L'un dit à l'autre : « OK, je peux te proposer un créneau de jeu improvisé jeudi prochain à quatre heures. »

Toutes ces activités prennent du temps et de l'argent à des parents déjà surchargés. Elles ne laissent pas de temps libre aux enfants pour jouer… librement. Cette suractivité finit par rendre les enfants incapables de s'occuper tout seuls. Lorsque l'attention des enfants est trop sollicitée par des agents extérieurs, que ce soit un animateur, l'ordinateur ou la télévision, les enfants perdent leur capacité à inventer leurs propres jeux. Ils ne savent plus jouer. Je me souviendrai toujours de la réaction de notre fils aîné lorsque, victime d'une surstimulation chronique imposée par ses parents anxieux, il s'écria lors d'un moment d'ennui : « J'ai besoin… de… divertissement ! » Voilà une déclaration glaçante, surtout de la part d'un enfant de cinq ans. « Bon alors, on fait quoi, là, maintenant ? » Voilà les questions que posent nos enfants hypersollicités. Mais qu'est-il donc arrivé à leur imagination, à leurs propres ressources ?

L'excès de zèle des parents est un piège. Mais il existe une solution. Une solution simple pour vous rendre la vie plus facile et moins onéreuse. Elle permettra aux enfants de mener une vie plus enjouée, autonome, heureuse, de créer leur propre vie sans dépendre d'un substitut maternel. J'appellerai cela l'éducation oisive, avec comme mot d'ordre : « Laissez-les tranquilles. » J'ai fait la réjouissante découverte que le parent paresseux est aussi un bon parent, après avoir lu un passage de l'essai « Éduquer le peuple » de D.H. Lawrence publié en 1918 :

« Par quoi commencer pour éduquer un enfant ? Règle numéro un : laissez-le tranquille. Règle numéro deux : laissez-le tranquille. Règle numéro trois : laissez-le tranquille. Voilà pour le début [1]. »

Au parent moderne très occupé, cette idée pourra sembler contre-intuitive. Ne devrait-on pas en faire toujours plus et non toujours moins ? Tous les parents ont le sentiment lancinant d'avoir tout faux et de ne pas s'investir assez. Eh bien, non ! Nous travaillons trop à être de bons parents. En étant trop envahissants, nous ne laissons pas l'enfant grandir et apprendre un peu par lui-même. L'enfant trop couvé ne saura pas s'occuper tout seul. Nous devons battre un peu en retraite. Les laisser vivre. Bienvenue à l'école du parent inactif. Une situation gagnant-gagnant : moins de travail pour vous et une amélioration de la vie quotidienne pour votre enfant, qui deviendra plus autonome et plus indépendant.

Je ne suis pas, bien entendu, l'avocat d'une fainéantise négligente. Peut-être suis-je allé trop loin dans ma parentalité oisive le jour où je me suis assoupi dans le sofa devant le poêle allumé alors que j'étais censé « garder les enfants », selon cette

1. *Op. cit.*, p. 66.

hideuse expression moderne. J'ai été réveillé par les cris d'un bébé qui avait plaqué ses mains sur le métal brûlant. Il ne faut évidemment pas laisser les enfants sauter par la fenêtre ou les laisser gambader avec des couches sales. C'est là toute la différence entre l'insouciance et la négligence.

Créer un foyer sans surveillance serait merveilleux ! En regardant nos enfants grandir, je l'ai bien remarqué : plus on les ignore, mieux c'est. Pour eux et pour nous. Le plus âgé de nos enfants a eu droit à une supervision parentale étouffante : il a été le plus difficile à élever. Le deuxième a reçu moins d'attention : il est plus autonome. Le troisième est né sur le sol de la salle de bains : il a dû se débrouiller tout seul. Il est sans doute celui qui joue le mieux. Il est aussi le plus drôle.

Les enfants aiment être occupés. Comme les parents aiment paresser, il est donc logique que les enfants travaillent un peu. Cette idée a été exploitée par les industriels au XIXe siècle qui faisaient travailler les enfants dès l'âge de cinq ans. Le fait que la gauche ait voté des lois contre le travail des enfants ne doit pas empêcher les parents d'exploiter un tant soit peu leur progéniture !

Je me souviens de mon ami John, couché dans un hamac, un après-midi ensoleillé dans notre jardin. Il a réussi à faire en sorte que sa petite fille de cinq ans lui apporte une bière et des cigarettes sans bouger de son hamac. On peut obtenir beaucoup en restant allongé, voici une vérité trop méconnue. En ne faisant rien, vous pouvez apprendre à vos enfants à être très actifs. Pendant les vacances scolaires, il m'est arrivé de rester au lit avec mon épouse jusqu'à dix ou onze heures. Mon frère a fait mieux. Lui et sa femme étaient au lit lorsque leur fils âgé de huit ans entra : « Félicitations, vous avez battu votre record. Il est midi. » Lorsque les enfants sont laissés un peu à eux-mêmes, ils savent se lever, se préparer et jouer tout seuls.

Paradoxalement, le parent oisif est un parent responsable, parce que la clé de l'éducation oisive est le respect et la confiance envers l'enfant. Le parent irresponsable compte sur des autorités variées pour éduquer son enfant : écoles, activités périscolaires, clubs sportifs, émissions télévisées pour enfants, jeux vidéo, etc. Or elles tendent à imposer leur vision du monde aux enfants au lieu de les laisser tranquilles.

L'éducation oisive présente l'autre grand avantage de ne pas éveiller le ressentiment chez l'adulte. Il n'y a rien de plus nuisible que de ressasser un tel sentiment. Vous n'avez pas fait tous ces sacrifices, vous ne vous êtes pas mis en quatre pour vos enfants pour qu'un jour ils tournent mal et vous envoient paître. Il n'existe pas de martyrs dans le monde des parents oisifs. Notre bonheur personnel vient en premier. Comme me l'a dit un jour un chauffeur de taxi : « Ils sont heureux parce que nous le sommes aussi. » Arrêtez donc de souffrir, profitez de la vie.

Le parent oisif est un parent casanier. Loin de nous les loisirs coûteux du week-end. Nous rejetons les frissons chers payés fournis par les lieux d'amusement comme les zoos, les parcs d'attractions et les sorties familiales commercialisées clés en main. Nous nous asseyons sur le sofa, nous laissons les choses advenir et nous nous amusons avec ce que nous trouvons dans notre arrière-cour. Nous fabriquons des avions avec des boîtes de céréales. C'est fou la quantité de jeux d'attrape et de chatouilles auxquels s'adonner sans quitter le sofa. Nous avons appelé l'un de ces jeux : « Chatouille ou Attrape ». L'enfant court vers moi et crie : « Chatouille ! » ou : « Attrape ! » et je m'exécute avec beaucoup d'amusement.

Le parent paresseux est un parent économe. Comme nous ne voulons pas travailler trop dur, nous n'avons pas d'argent plein les poches. Ainsi tonnait le grand Chesterton : « La frugalité est poétique. Poétique parce qu'elle est créatrice [...] Le gaspillage n'est pas poétique[1].» Lorsque vous êtes assis sans le sou chez vous, vous explorez alors vos ressources intérieures. Vous fabriquez des objets et vous dessinez. Mettez une pile de feuilles A4 sur la table de la cuisine avec des agrafeuses, des ciseaux, des crayons et de la colle. Oubliez les smartphones et autres gadgets numériques. Entrez dans le monde non digital. C'est plus amusant et beaucoup moins cher. Suspendez une boule de graisse pour les oiseaux dehors. On peut s'amuser à peu de frais.

Nous ne pensons plus statut social, plan de carrière et regard des autres. Nous voulons profiter de la vie et donner à nos enfants une enfance heureuse. Quel plus grand cadeau peut-on offrir à ses enfants? Si une fois grands nos enfants disent à leurs amis: «J'ai eu une enfance heureuse», ce sera pour moi une grande satisfaction. Mieux vaut une enfance heureuse qu'une enfance accumulant les réussites et se terminant par des factures salées à régler au psy une fois adulte.

Le parent paresseux est sociable. Nous reconnaissons l'importance des amis. Ils allègent le fardeau. L'un des mythes de la société moderne est: «Nous sommes seuls en ce monde.» Au lieu d'aller parler avec amis et voisins, les parents modernes anxieux cherchent des conseils tout seuls, dans des livres, des sites Internet et des forums. Nous essayons de tout faire nous-mêmes et répugnons à demander de l'aide ou à reconnaître nos faiblesses devant les autres. Mais non, soyez faible! Renoncez! Vous ne pouvez pas tout faire. Visez moins haut. Demandez à des amis de vous aider. Organisez des petites garderies chez vous afin que des parents viennent bavarder.

1. Gilbert Keith Chersterton, *Le Monde comme il ne va pas*, traduit de l'anglais par Marie-Odile Fortier-Masek, Lausanne, L'Âge d'Homme, 1994, p. 97.

Oubliez un peu les enfants. J'aime l'idée que Lawrence se fait de l'éducation. Il dit que les bébés devraient être confiés à « de grosses femmes stupides qui ne s'en soucieront guère [1]. » « Laissez les enfants tranquilles ! Jetez-les à la rue, dans les terrains de jeux, et ne vous en occupez plus [2]. » Ne voyez pas en eux un matériau brut à transformer en de futurs esclaves salariés. Laissez-les jouer et, oui, invitez vos amis pour partager la tâche, cela facilite la vie. Les amis apportent des rires et de la joie. Il n'y a pas plus triste qu'un parent isolé traînant son enfant dans des squares glauques, en se disant qu'il s'amuse.

Mon idée de l'éducation ressemble à un grand pré. À l'une des extrémités de ce pré se tient un bar servant des bières locales. C'est le lieu de rassemblement des parents. Un peu plus loin, les enfants jouent. Je ne les embête pas et ils ne m'embêtent pas non plus. Donnons-leur le plus de liberté possible.

Mais la vie du parent paresseux n'est pas toujours facile. Les enfants ne s'adaptent pas toujours à l'idéal anticonsumériste du parent nature. Ils veulent encore plus de jouets. Ils vous embêtent. Ils mettent tout en désordre. Ils crient et chougnent. Le papa et la maman semblent être en désaccord sur de nombreux points, des couleurs de la peinture à l'eau aux manières de se tenir à table. Et il existe d'autres questions à résoudre. Est-il cruel d'interdire les jeux vidéo et de leur donner une pelote de laine et le *Boy's book* [3] à la place ? Dois-je intégrer une connexion haut débit à la cabane dans l'arbre ? Dois-je consacrer plus de temps à travailler pour que mes enfants puissent aller au ski et porter des survêtements

1. D. H. Lawrence, *op. cit.*, p. 66.
2. D. H. Lawrence, *op. cit.*, p. 77.
3. Conn et Hal Iggulden, *Le Boy's book*, Paris, Larousse, 2007.

onéreux ? Serais-je moins grognon si je buvais moins d'alcool ? Parfois nous doutons de notre évangile. Alors j'espère esquisser dans ces pages une philosophie réjouissante, tout en reconnaissant que cela n'a pas toujours été facile. Je confesserai de nombreuses erreurs éducatives. J'ai une forte tendance à me mettre dans le pétrin et je vous demande de ne pas suivre mes conseils à la lettre. Certains de mes amis pensent que je ne suis pas le mieux placé pour conseiller d'autres parents sur les questions éducatives. *Caveat lector.*

Avançons donc, jetons les livres sentencieux, oublions ce que les autres pensent et profitons de la vie de famille avec ses bons et moins bons côtés.

En écrivant cet ouvrage, j'ai délibérément fait l'impasse sur les avis des gourous actuels en matière d'éducation, puisque l'orthodoxie moderne est à la source de nombreux problèmes. Je me suis en revanche tourné vers deux philosophes, John Locke (1632-1704) et Jean-Jacques Rousseau (1712-1778). Ils me semblent avoir eu des réflexions intéressantes en matière éducative. Locke a publié *Quelques Pensées sur l'éducation*[1] en 1693 et Rousseau *Émile ou de l'éducation* en 1762[2]. Son idée était de « garantir [l'enfant] du choc des opinions humaines[3] » et de produire quelque chose comme un enfant au naturel.

Cet ouvrage fait aussi état de mes échecs et de mes erreurs. Lorsque j'ai annoncé à mes amis que j'écrivais un livre sur l'éducation, ils ont bien ri. Ils m'ont tous vu m'énerver après mes jeunes enfants. Ainsi, cet ouvrage n'est pas un guide

1. John Locke, *Quelques Pensées sur l'éducation*, traduit de l'anglais par Compayré, Paris, Vrin, 2007.

2. Jean-Jacques Rousseau, *Émile ou de l'éducation*, in *Œuvres complètes*, Tome IV, Paris, Gallimard, La Pléiade, 1969.

3. Jean-Jacques Rousseau, *op. cit.*, Livre I.

prétendant avoir le dernier mot, mais plutôt une série de réflexions destinées à ouvrir un débat. Je souhaite encourager les parents à inventer librement leur propre approche de la vie de famille plutôt que d'essayer de suivre une liste de règles édictées par un tiers. Nombreux sont les chemins. En nous éloignant de la vision étroite et uniforme de la vie léguée par nos ancêtres puritains, pour lesquels le sens de la vie est de travailler pour s'enrichir, nous ouvrons des myriades de nouveaux chemins. Allons courir dans les prés, emplis d'une joie nouvelle, enfin libres.

Manifeste du parent oisif

L'éducation n'exige pas un travail acharné.

Laissons les enfants tranquilles.

Rejetons le consumérisme rampant qui envahit la vie des enfants dès leur naissance.

Lisons des poésies et des histoires fantastiques sans leçons de morale.

Buvons de l'alcool sans culpabiliser.

Rejetons le Puritain intérieur.

Ne gaspillons pas notre argent en sorties et en voyages.

Le parent oisif est économe.

Le parent oisif est créatif.

Restons au lit aussi longtemps que possible.

Essayons de ne pas intervenir.

Jouons dans les prés et les forêts.

Poussons les enfants dans le jardin et fermons la porte pour nettoyer la maison.

Essayons de travailler le moins possible, surtout quand les enfants sont petits.

Le temps est plus important que l'argent.

Mieux vaut un désordre joyeux qu'un ordre malheureux.

À bas l'école.

Emplissons la maison de musique et d'amusement.

Rejetons les consignes sanitaires et sécuritaires.

Nous sommes responsables.

Nombreux sont les chemins.

1
Remettons les enfants au travail

« Les enfants sont beaucoup moins disposés à la paresse que les adultes. »

John Locke [1]

« Qu'il s'occupe ou qu'il s'amuse, l'un et l'autre est égal pour lui. »

Jean-Jacques Rousseau [2]

Combien de fois avons-nous entendu dire que les enfants sont un poids, un fardeau ? Que prendre soin d'eux est un devoir pénible, car les enfants doivent être divertis, surveillés, rabroués ? Voilà comment nous, Occidentaux, envisageons l'éducation des enfants. La vie de famille serait contraignante, affairée, besogneuse, épuisante, coûteuse. Nous devenons les

1. John Locke, *Quelques Pensées sur l'éducation*, traduit de l'anglais par Compayré, Paris, Vrin, 2007, § 152.

2. Jean-Jacques Rousseau, *Émile ou de l'éducation*, in *Œuvres complètes*, Tome IV, Paris, Gallimard, La Pléiade, 1969, Livre II.

esclaves de petits tyrans. Nous soupirons, nous gémissons et nous regrettons de ne pas avoir plus d'argent.

Il existe cependant un moyen facile d'alléger votre fardeau et d'aider votre enfant à comprendre qu'il a un rôle utile dans le foyer et dans la société. L'expression « travail des enfants » a bien sûr une connotation négative : les enfants ramoneurs, la révolution industrielle, les usines à l'autre bout du monde, l'exploitation de gamins sans défense au bénéfice d'un patron ventripotent. Il est temps d'écarter ces réminiscences et de mettre vos enfants au travail chez vous. Car ils aiment cela !

Vous pouvez commencer par en faire moins vous-même. Arrêtez d'essayer d'être un parent efficace et laborieux. Restez au lit le matin et voyez ce qui se passe. Vous découvrirez qu'en faire moins pour vos enfants les rendra plus autonomes. Dans ce livre, je vous propose deux objectifs complémentaires : vous rendre la vie plus facile et élever des enfants autonomes et indépendants, capables de prendre soin d'eux-mêmes et qui n'iront pas, une fois adultes, supplier un employeur ou une autre autorité de les dorloter. Mon fils Arthur, à l'heure du thé matinal, m'en a fourni une belle illustration. Au lieu d'être des automates bien organisés, sautant du lit à 6 h 30 du matin pour préparer le petit déjeuner, ma femme et moi avions un jour décidé de rester somnoler au lit. Autour de neuf heures, un prodige se produisit. La porte s'ouvrit et un garçon de huit ans entra, nous apportant deux tasses de thé. Ô joie ! Notre fils était manifestement ravi d'apporter une aide concrète au bon fonctionnement du foyer et nous étions, bien entendu, aux anges. Si nous nous étions levés plus tôt, il n'aurait jamais accompli cette importante tâche domestique. Comme nous ne faisions rien, il a pu, lui, se rendre utile. J'ai donc fini par m'apercevoir qu'un excès de dévouement parental pouvait avoir comme conséquence un manque d'autonomie chronique chez l'enfant.

Les enfants qui se font trop servir ne peuvent rien faire par eux-mêmes. Avez-vous remarqué comme ils s'attendent à ce que leurs parents sachent précisément où se trouvent toutes leurs affaires? «Où est mon Tamagotchi?» gémit l'enfant roi. «Je ne trouve pas mes chaussettes.» Il fait ses exercices de piano si et seulement si un parent est là pour le guider à chaque pas. Il a besoin qu'on lui tienne la main. Nous en sommes les seuls responsables. Voyons ce qu'en dit Lawrence:

«Dès notre plus tendre enfance, tâchons d'acquérir notre indépendance, d'apprendre à ne compter que sur nous-mêmes. Chaque enfant devrait veiller autant que possible à ses besoins, faire sa toilette, s'habiller, cirer ses chaussures, brosser et suspendre ses habits, se déranger lui-même pour aller chercher ce qu'il lui faut, ravauder ses bas, raccommoder ses vêtements, qu'il soit garçon ou fille. L'homme et la femme sont heureux quand ils sont occupés, et l'enfant n'échappe pas à cette règle [1].»

Plus l'enfant est capable de plier ses vêtements et de les raccommoder, moins l'adulte aura à le faire. Il est choquant de se rendre compte du degré d'incompétence que nous avons atteint depuis l'essai de Lawrence, écrit en 1918. Après tout, quel parent raccommode aujourd'hui ses propres habits? Comme le prophétisait Lawrence, le dorlotage et la surprotection des enfants ont créé une nation de «grands bébés». Si nous-mêmes sommes dépendants et incapables, quel espoir pouvons-nous avoir pour nos enfants?

1. D. H. Lawrence, *De la Rébellion à la Réaction*, traduit de l'anglais par Béatrice Dunner, Monaco, Rocher, 2004, p. 112.

Allons donc, il y a de l'espoir, car nous pouvons réapprendre ensemble, réapprivoiser les arts perdus de la vie domestique. Des tâches simples comme faire son pain, sa confiture, ses conserves peuvent être réalisées avec les enfants. Les enfants adorent pétrir, malaxer et pourlécher le saladier. Si vous apprenez à être autonome vous-même, vous l'enseignerez ainsi à vos enfants, et bientôt ils feront votre pain.

Comment encourager les enfants à donner un coup de main ? Lawrence, comme Rousseau, soulignait bien qu'il ne s'agit pas de promouvoir une certaine éthique du travail – l'idée que le travail est une souffrance nécessaire – auprès des enfants ou de les contraindre à nous aider par compassion pour nous. Alors, quel est le but du travail des enfants ?

« Ce n'est certainement pas l'effusion que l'on éprouve à aider père et mère, pas plus que le service moral ou religieux que l'on rend à l'humanité. Ce n'est pas non plus l'accumulation cupide et obtuse des richesses. Un individu travaille pour son propre plaisir, pour son indépendance, et, principalement, pour la fierté joyeuse que lui procure son autonomie, sa liberté personnelle[1]. » « Ce que nous voulons est que chaque enfant soit adroit de ses mains. Physiquement adaptable et compétent[2]. »

Ne devenez pas les serviteurs des caprices matérialistes de vos rejetons. Au lieu de manger des bonbons et de rester avachis devant la télévision ou un écran d'ordinateur, ils devraient être en train de travailler. Une de mes amies, Heather, a deux jeunes enfants. Voici ce qu'elle en dit : « Je pense que l'on devrait beaucoup plus encourager les enfants

1. D. H. Lawrence, *op.cit.*, p. 123.
2. D. H. Lawrence, *op.cit.*, p. 113.

à faire du ménage et des martinis. Si Sam passe le balai, il reçoit un peu d'argent de poche. Il est très bon pour nettoyer les recoins. Cela me fait plaisir lorsque Clémentine apporte son attendrissant coup de main. »

Remettons donc les enfants au travail. Débarrassons-nous du lave-vaisselle. Pourquoi toute la famille ne ferait-elle pas la vaisselle après chaque repas ? L'un lave, l'autre essuie, le dernier range. Cela prend à peine un quart d'heure. Comme le chantait Woody Guthrie, si nous travaillions tous ensemble cela prendrait moins de temps. Faites-le en musique et cela devient un réel plaisir. Le lave-vaisselle, malgré ses promesses d'alléger le fardeau comme toutes les machines en général, transforme la vaisselle en corvée. Sans lui, les enfants apprendront à vous aider de façon réellement utile. Et cela peut prévenir les pleurnicheries – un problème épineux, que j'examinerai en détail dans le prochain chapitre. Disons rapidement qu'elles résultent du sentiment d'être perçus comme un fardeau inutile. Ceux qui se sentent impuissants pleurnichent. Rendez-les donc utiles !

Il est important de se souvenir que la création de gens incapables est au centre du projet industrialo-capitaliste. Les gens incapables dépendent d'autres personnes, des professionnels, des machines, de l'argent. Si vous ne savez plus rien faire par vous-même, vous allez compter sur l'économie de marché pour trouver de quoi satisfaire vos désirs. Trop en faire pour ses enfants les rendra dépendants une fois adultes de toute une gamme de services.

Dans une conférence donnée en Inde en 1978, le philosophe Ivan Illich lie le sentiment d'inutilité à l'argent : « Aujourd'hui, l'individu ressent un sentiment d'impuissance en ce qui concerne ses besoins. Dans un environnement dominé par les marchandises, les besoins ne peuvent être satisfaits sans le recours à un magasin [1]. » Dépenser de l'argent est devenu presque instinctif. De même aujourd'hui, au moindre besoin, nous nous dirigeons instinctivement vers la souris de l'ordinateur. Ce dernier a été promu comme un outil d'émancipation, mais son absence nous rend la vie difficile. Lors d'une coupure de courant, la connexion est interrompue et nous nous sentons terriblement impuissants. Nous dépendons de ce qui était censé nous libérer. Il en est de même pour l'argent.

Nous avons besoin de revenir, selon Ivan Illich, à l'autonomie et à la confiance envers les autres. Cela n'est pas facile dans un monde où l'on dit : « Assez ! » seulement quand on en vient à considérer la nature comme une décharge et que l'être humain est incité non pas à s'épanouir mais à accepter à contrecœur sa propre situation.

Nous nous mentons : « C'est la vie », disons-nous. En réalité, ce n'est pas la vie. C'est la vie travestie, en mode survie.

Femmes, oyez, oyez ! Cessez de travailler et commencez à vivre ! Les mères travaillent trop. Elles ont un emploi et travaillent aussi à la maison. C'est mauvais pour leur santé et pour celle de leurs enfants, qui deviendront faibles, dépendants, de futurs esclaves volontaires sur le marché du travail.

Les femmes et les hommes capables, autonomes et entreprenants devraient rejeter l'esclavage des multinationales et reprendre le contrôle de leurs vies, chez eux. Ainsi, les enfants pourront les aider et apprendre à leur tour l'art de l'autonomie. De cette façon, vous apprécierez votre paternité ou votre maternité plutôt que de la subir et de l'accepter à contrecœur, comme le dit Illich.

1. Ivan Illich, cité par Peter H. Wagschal, *Learning Tomorrows : Commentaries on the Future of Education*, Praeger Publishers Inc., 1979.

Lorsque les parents décident de profiter de la présence de leurs enfants, alors la « garde d'enfants » cesse d'être une corvée. Voilà une question sémantique. Il me semble que nous devrions bannir cette expression car elle comporte des connotations de travail et de professionnalisation. Utilisons plutôt l'expression : « Jouer avec les enfants ». La « garde d'enfants » est une marchandisation du jeu. Elle le transforme en une activité payante. La solution est d'ordre psychologique. Nous pouvons opérer un changement mental, dit Rousseau :

« Le tracas des enfants, qu'on croit importun, devient agréable ; il rend le père et la mère plus nécessaires, plus chers l'un à l'autre ; il resserre entre eux le lien conjugal. Quand la famille est vivante et animée, les soins domestiques font la plus chère occupation de la femme, le plus doux amusement du mari [1]. »

Lorsque les parents en font trop, ils se fatiguent et affaiblissent leurs enfants :

« Lorsqu'au lieu de négliger les soins de mère, une femme les porte à l'excès ; lorsqu'elle fait de son enfant son idole, qu'elle augmente et nourrit sa faiblesse pour l'empêcher de la sentir et qu'espérant le soustraire aux lois de la nature, elle écarte de lui des atteintes pénibles, sans songer combien, pour quelques incommodités dont elle le préserve un moment, elle accumule au loin d'accidents et de périls sur sa tête, et combien c'est une précaution barbare de prolonger la faiblesse de l'enfance sous les fatigues des hommes faits [2]. »

Nous devons concentrer nos efforts non à nous débarrasser de la douleur mais à renforcer notre propre endurance.

1. Jean-Jacques Rousseau, in *Œuvres complètes*, Tome IV, Paris, Gallimard, La Pléiade, 1969, Livre I.

2. Jean-Jacques Rousseau, *op. cit.*

Laissez-les trébucher, s'égratigner les genoux, revenir trempés et maculés de boue. Laissez-les monter sur les rochers. La vie est faite de dangers, de douleur et de plaisir. « Trempez-les dans l'eau du Styx [1] » dit Rousseau.

Le thème d'*Émile ou de l'éducation* est l'éducation d'une créature fictive nommée Émile, de la naissance à l'adolescence. Rousseau voulait convaincre les mères de bonne volonté de l'époque de s'occuper de leurs bébés. La mise en nourrice était alors répandue, pour que les mères puissent profiter des joies de la ville tout en laissant leurs enfants aux domestiques. Rousseau détestait cela et mettait en garde également contre la surprotection. Il voulait que les mères soient « naturelles », qu'elles donnent la tétée à leurs bébés. Au XVIIIe siècle, il est ainsi devenu tendance d'élever ses enfants « à la Jean-Jacques » en suivant les conseils de son livre.

Ce n'est pourtant pas si facile, parce que nous vivons aujourd'hui, bien davantage qu'à l'époque de Rousseau ou de Lawrence, dans une société maternant à l'excès. Je reviens de la cuisine où j'ai dû obliger mes enfants à ranger les couverts et la vaisselle. Ils y sont parvenus mais non sans une certaine comédie émaillée de soupirs, de déplacements délibérément lents, de moues, de ronchonnements, de transports négligents et de chute de couverts, le tout accompagné de bruyantes protestations. Qu'est-ce qu'ils peuvent lambiner ! C'est une lutte perpétuelle. Ils sont trop gâtés. Et je dois apprendre l'art de la manipulation plutôt que d'exercer mon autorité pour les obliger à m'aider. Il me semble important d'échapper au modèle maître/esclave, parce que les enfants se rebellent naturellement contre n'importe quelle obligation. Ajouter :

1. Jean-Jacques Rousseau, *op. cit.*

« S'il-te-plaît » à la fin de chaque ordre empire la situation en masquant l'ordre sous un vernis de politesse. Mais essayez donc de faire contribuer vos enfants comme ceux des villages africains, évidant le poisson et sculptant à l'âge de cinq ans. Dans une économie de salariat, à l'opposé d'une économie de subsistance, les enfants sont plus ou moins inutiles jusqu'à ce qu'ils trouvent un travail. L'école sert ainsi à tuer le temps et à leur inculquer les rudiments nécessaires pour les insérer dans quelque emploi de misère.

Or le parent oisif ne prépare pas sa progéniture pour le désert aride et sans esprit du monde du travail. Non : son enfant sera courageux, autonome, sans crainte. Il n'aura pas peur de travailler pour son propre compte. Pour ce faire, on encouragera l'enfant à contribuer aux tâches ménagères. Nous pouvons envisager le foyer comme un lieu commun, une association d'individus qui vivent ensemble sous le même toit. Ce qui ne signifie pas que les enfants ont la même voix au chapitre que les parents. Ils ont à apprendre, c'est vous le professeur, alors assumez-le.

Cessez également de leur tourner autour et de leur demander ce qu'ils veulent tout le temps. Je vois des mères aux petits soins de leur enfant de deux ans comme un maître d'hôtel, lui disant : « Ce jus de fruits te ferait-il plaisir ? Ou plutôt celui-là ? » Alors le bambin crie : « Non ! » et jette les affaires par terre. Vous êtes celui qui décide. Créez de la hiérarchie sans coercition. Comme dans les cités médiévales, le « bien commun » de la famille passe en premier. La plus grande partie des difficultés du foyer moderne provient d'une vision égoïste de l'individualité et de la liberté héritées des Lumières. La liberté se réduit aujourd'hui à la possibilité d'affirmer ses désirs égoïstes en compétition avec ceux des autres. La philosophie des Lumières a créé une nation d'égoïstes complaisants, à la poursuite du moindre de leur caprice. « J'ai vraiment besoin de temps pour moi », « Parce que vous le valez bien », « C'est vraiment important pour moi », « J'ai besoin d'espace ». Mais nous vivons avec les autres et les plaisirs devraient être partagés et le pain rompu ensemble. C'est ici que je m'éloigne de Rousseau, qui isole Émile loin du monde. Il semble passer vingt-quatre heures par jour avec son tuteur. Vivons en société. Nous devons apprendre à vivre dans ce monde, celui de la société de consommation, le monde des emplois, de l'argent et des achats, sans en être les victimes.

Aujourd'hui, nous échafaudons toute une panoplie de « j'aime » et « je n'aime pas » et nous appelons cela la liberté. Mais il s'agit en réalité de la marchandisation de l'idée même de liberté. Au lieu de nous comporter comme des personnes libres, nous réduisons la vie à une série de produits. J'aime : Red Bull, Volkswagen, Les Simpsons, Apple Mac, le groupe Arcade Fire. Je n'aime pas : Orangina, Toyota, la série Ugly Betty, les PC, Metallica. Et alors ? Les enfants nous emboîtent le pas. Ils pensent affirmer leur personnalité en criant : « Je déteste les pâtes. » Nous en arrivons à la situation où chaque membre de la famille se tiendra à table avec un plat personnalisé, un IPod vissé sur les oreilles pour écouter sa musique préférée. Sans aucune conversation. Bientôt, nous aurons tous notre propre télévision, ce sera la concrétisation de l'idéal solitaire des puritains. Comme le dit le troisième patriarche du Zen :

« Faire valoir ce que vous aimez contre ce que vous n'aimez pas,

Telle est la maladie de l'esprit [1]. »

1. Notre traduction.

Et tout cela exige trop de travail et d'argent ! Plaisirs et peines devraient être partagés. En famille, écoutons donc tous la même musique.

Le travail doit devenir réjouissant. Il est plus léger lorsqu'il est partagé sur un fond musical. Et il est de votre responsabilité de l'aimer ainsi, sinon vos enfants le considéreront comme un fardeau. Chaque soupir sera entendu par ces petites oreilles. « Papa n'aime pas son métier, mais il travaille pour vous acheter des babioles pour vous occuper jusqu'au jour où vous aurez un emploi qui vous déplaît pour payer vos factures et votre emprunt immobilier. »

Pourquoi ne pas chanter pendant que vous faites la vaisselle ? Avant l'apparition de la radio, tout le monde chantait tout au long du jour. Les rues des cités médiévales étaient pleines d'artisans et de saltimbanques, tous chantant à pleins poumons. La coutume subsiste encore aujourd'hui chez certains commerçants sur les marchés.

Mais oui, chantez ! Vous ne devez pas donner à votre enfant l'idée que le travail est synonyme de souffrance. Cette idée rendra simplement la tâche plus facile au capitaliste pour exploiter votre enfant une fois devenu adulte. Si vous élevez les enfants avec l'idée que le travail, c'est de la souffrance, ils trouveront normal de subir, dès leur premier emploi, une expérience pénible. Les employeurs n'auront pas besoin de déployer beaucoup d'efforts pour le rendre plus agréable. Mais si vous leur inculquez que toute forme de travail est réjouissante, ils traceront leur propre chemin naturellement plutôt que de suivre bêtement un avenir tout tracé.

L'exemple du jardinage montre que le travail peut être une activité joyeuse, créative, autonome. Une forme de travail magique, mystérieuse, gratifiante, utile, thérapeutique et saine. Toute famille devrait avoir son jardin. Si vous vivez au dixième étage sans rebord de fenêtre ni balcon, essayez de vous procurer une petite parcelle. Rousseau recommandait à Émile de jardiner. L'agitateur et promoteur de l'autosuffisance William Cobbett (1763-1835) vante les talents de laboureur de son fils dans *Rural Rides*[1]. Faites un trou, jetez un haricot, regardez la plante pousser et laissez les enfants cueillir les gousses.

Rousseau veut abolir la distinction entre le jeu et le travail: « Qu'il s'occupe ou qu'il s'amuse, l'un et l'autre est égal pour lui; ses jeux sont ses occupations, il n'y sent point de différence. Il met à tout ce qu'il fait un intérêt qui fait rire et une liberté qui plaît, en montrant à la fois le tour de son esprit et la sphère de ses connaissances. N'est-ce pas le spectacle de cet âge, un spectacle charmant et doux, de voir un joli enfant, l'œil vif et gai, l'air content et serein, la physionomie ouverte et riante, faire, en se jouant, les choses les plus sérieuses, ou profondément occupé des plus frivoles amusements[2]? »

Plus encore, si vous pouvez transformer la vaisselle ou le rangement des jouets en un jeu, cela vous facilitera la vie. « Qui va ranger le plus de jouets dans la boîte? » Je m'aperçois que les premières méthodes que j'ai essayées, comme celle de m'écrier: « Combien de fois vous ai-je dit de ranger ce fichu bazar! », ou de menacer d'aspirer leurs petits jouets étaient à côté de la plaque. Il faut jouer plus malin. Vous obtiendrez alors beaucoup avec peu d'efforts. Par exemple, je peux envoyer au lit mes enfants sans bouger de mon fauteuil. Je lance juste une compétition: « Qui arrivera en haut le premier? Un, deux, trois... » Et voilà les enfants sortant précipitamment de la pièce pour se ruer dans l'escalier.

1. William Cobbett, *Rural Rides*, Londres, Penguin, 2001.
2. Jean-Jacques Rousseau, *op. cit*, Livre II.

Une autre technique du même genre est recommandée par Rousseau. Au lieu de leur ordonner de faire quelque chose, dites-leur que vous allez vous en occuper et demandez qui va se joindre à vous. J'ai testé la technique ce matin avec succès. « Je descends petit-déjeuner, Arthur, veux-tu venir avec moi ? » « Oh oui », a-t-il répondu en me prenant la main.

Nous devons remplacer la coercition et les règles autoritaires imposées par l'adulte par une action accomplie de plein gré par l'enfant. Cela rendra nos enfants autonomes, courageux, ni maîtres ni esclaves, capables une fois adultes de dire non au gouvernement et au monde des affaires. Et pour ce faire, nous devons apprendre quelques trucs.

2

Comment faire cesser les pleurnicheries

> *« Quelle sagesse y a-t-il pour vous hors de l'humanité ? Aimez l'enfance ; favorisez ses jeux, plaisirs, son aimable instinct. »*
>
> *« Savez-vous quel est le plus sûr moyen de rendre votre enfant misérable ? C'est de l'accoutumer à tout obtenir. »*
>
> Rousseau [1]

Le parent oisif est confronté au défi de trouver le juste équilibre entre indulgence et discipline. Même si Rousseau a été accusé de sentimentaliser l'enfance, il est en réalité assez sévère. Il est bien conscient qu'il existe une différence entre « l'enfant qu'on rend heureux » et « l'enfant qu'on gâte » ; la mission du parent est de laisser les enfants s'amuser en évitant de les gâter. Cette méthode devrait faire cesser les

1. Jean-Jacques Rousseau, *Émile ou de l'éducation*, in *Œuvres complètes*, Tome IV, Paris, Gallimard, La Pléiade, 1969, Livre II.

pleurnicheries, sans doute les manifestations les plus pénibles des mauvaises méthodes éducatives modernes.

Pourquoi donc les enfants gémissent-ils et pleurnichent-ils ? Pourquoi ces bruits affreux ? Nous pourrions commencer par nous demander quels sont les animaux qui gémissent. La plupart des animaux acceptent généralement leur destin et font leur bonhomme de chemin. Ce n'est pas le cas du chien domestique. Puisqu'il est habitué à être choyé et à voir ses caprices exaucés, il gémit pour avoir ce qu'il n'a pas ou ce qu'il ne peut se procurer tout seul. Le gémissement est ainsi une expression d'impuissance et de dépendance. Si nous ne savons rien faire par nous-même, si nous dépendons des autres pour satisfaire nos désirs, alors nous signerons notre impuissance par un gémissement. Nous les adultes, nous connaissons ce phénomène sur notre lieu de travail. Quand nous n'avons pas ce que nous désirons, nous gémissons. Nous râlons. Pour un bureau plus grand, pour une promotion. Mais nous sommes toujours dépendants de nos patrons. De même pour les enfants. Comme ils ne sont pas libres et comme ils ont l'habitude que leurs parents-esclaves fassent tout pour eux, ils gémissent et nous épuisent avec leurs bruits insupportables. Nous devons leur apprendre à remplacer ces gémissements par une demande d'aide paisible, ou, mieux, les entraîner à résoudre leurs problèmes eux-mêmes. Je tente cela avec mes enfants. Mon attitude a d'abord été de leur demander d'arrêter de pleurnicher : « Arrête de pleurnicher, cela me rend fou ! » Ce qui ne fait qu'empirer la situation et accroît chez l'enfant sa propension à s'apitoyer sur lui-même. « Cela allait déjà mal, pense-t-il, et voilà que papa me crie dessus. »

Si donc les cris et les jurons, réactions compréhensibles, certes, ne marchent pas, essayons une autre approche – en nous souvenant que plus un enfant sera autonome, plus le parent pourra paresser. Mais attention, la paresse n'est pas synonyme de chaos. En réalité, l'efficacité peut mener à plus de temps pour l'oisiveté. Ce matin par exemple, nous avons obtenu un miracle : nos trois enfants étaient habillés et avaient pris leur petit déjeuner à l'heure, nous laissant ainsi vingt minutes pour jouer avec eux avant que le car scolaire n'arrive.

Après nous être mis dans une situation de chaos et de stress tous les matins, avec des enfants refusant de s'habiller, ratant le car, nécessitant ainsi de les conduire à l'école, nous avons décidé d'inventer une routine simple pour le matin et le soir. J'en ai discuté avec les enfants, qui semblaient d'accord. J'ai accroché l'emploi du temps dans la cuisine comme aide-mémoire. Leur mère, Victoria, m'a accusé d'être un fasciste, mais je lui ai répondu que chaos et paresse sont bien différents. Comme j'aspire à une vie plus facile et non à un chaos stressant, un peu de routine est utile, sans pour autant l'appliquer de façon trop rigide. Chaque jour est en effet différent et qui sait si nous ne pourrions pas décider un soir d'aller nous promener sous les étoiles et de nous coucher plus tard ? Et de jeter les devoirs au feu pour aller faire un tour en ville comme le chantait David Bowie ?

Mais revenons à nos moutons. Notre routine est la suivante :

Matin.

7 h 15. Habillage.

7 h 45. Petit déjeuner.

8 h 10. Rangement.

8 h 20. Départ pour aller prendre le car.

Soir.

18 h. Dîner suivi d'un temps pour jouer.

19 h. Bain.

19 h 30. Histoires.

20 h. Extinction des feux.

Ce matin, m'inspirant de l'amour rousseauiste pour le jeu, j'ai décidé avec mon fils Arthur de mettre en place des « jeux du soir », avant le bain. Et cela marche. Nos enfants aiment tous les trois le « Temps de la lutte » que nous avons instauré : ils se roulent par terre, ils s'attaquent en émettant des grognements théâtraux. L'organisation de courses dans la maison est également une activité appréciable pour les parents, dont la tâche se résume à dire : « À vos marques, prêts, partez ! » Nous aimons également les jeux de ballon dans l'escalier. Je me tiens au bas de l'escalier et chaque enfant juché au sommet tente de marquer un but. De tels jeux sont bien préférables aux jouets promus par l'industrie. Il ne vous reste plus qu'à mettre à la poubelle les jeux de société Hippos Gloutons et le Pic Pirate en plastique, laids, non biodégradables, facteurs de désordre et exigeant un rangement chronophage. Le mieux est bien sûr de ne pas acheter ce genre de jouets de toute façon (ce qui fera l'objet d'un prochain chapitre). Des jeux physiques les fatigueront, leur permettront de se défouler. Cela devrait prévenir les pleurnicheries.

Appliquons ces routines avec tact, faute de les transformer en robots prêts pour l'usine. Émile est une créature de la nature, à l'abri des rythmes de travail industriels : « Il ne sait ce que c'est que routine, usage, habitude ; ce qu'il fit hier n'influe point sur ce qu'il fait aujourd'hui : il ne suit jamais de formule, ne cède point à l'autorité ni à l'exemple, et n'agit ni ne parle que comme il lui convient[1]. »

1. Jean-Jacques Rousseau, *op.cit.*, Livre I.

Mais pour éviter de devenir un esclave des caprices de l'enfant, il est nécessaire de se réserver des soirées sans eux, pour aller au bar ou voir des amis. Il n'y a rien de pire que de s'écrouler épuisé dans son lit à 21 h 30 après avoir passé deux heures à coucher ses marmots. Pour être réveillé à 6 h du matin par un môme qui vous saute dessus.

Une routine légère et flexible peut être judicieuse pour l'oisif. Excluons un régime militaire susceptible de causer plus de problèmes qu'il n'en résout. Qui est opprimé se rebelle, telle est la source de la désobéissance. L'enfant tente en effet d'introduire un peu d'autonomie et de dignité dans son existence. Comme les adultes asservis à telle ou telle multinationale se font porter pâle pour recouvrer leur dignité perdue, l'enfant résiste à la tyrannie en désobéissant. Là où croît la tyrannie croît la désobéissance. Plus vous imposerez de règles, plus elles seront transgressées. La désobéissance est une expression de la volonté d'être libre. « J'aime la nature impérieuse des enfants » me dit un jour mon ami Mark Manning. Les enfants résistent à la tyrannie à chaque occasion. Ne devenez pas comme le capitaine William Bligh (1754-1817), qui a subi la célèbre mutinerie du Bounty, gouvernant par la peur, la faim et le fouet jusqu'à ce que ses hommes n'aient pas d'autre choix que de se mutiner.

Une autre façon de faire cesser les pleurnicheries est d'arrêter les vôtres. Donc avoir assez de temps de sommeil et éviter le stress. D'après mon expérience, les métiers à temps plein troublent le sommeil à un degré insupportable. Dans ce cas, vous devez arriver tôt au travail. Le lieu de travail moderne engendre du stress, car il est très souvent sous pression. Pas étonnant qu'un jour un travailleur pète un plomb, se rende au bureau ou à l'usine avec un fusil et abatte ses collègues avant de retourner l'arme contre lui. Dans peu de temps, nous aurons droit à ce genre de phénomène en Europe. Ainsi, le parent oisif, pour arrêter de pleurnicher, doit-il quitter son travail à plein-temps ou prendre un mi-temps. Ne cédez pas à la pression de travailler plus et plus longtemps. Jetez votre smartphone dans la rivière. Ne soyez plus un esclave ! Le travail acharné ne vous donnera ni la santé ni le bonheur. Voulez-vous passer les premières années de la vie de votre enfant à jouer avec lui ? Ou préférez-vous travailler pour une grande firme avide et gagner de l'argent pour acheter des saletés inutiles qui vous feront oublier votre ennui au travail ? La grande firme n'a pas besoin de vous. Vos enfants, si.

Il vaut mieux être sans le sou à la maison que riche et absent – au moins durant les trois ou quatre premières années de la vie de votre enfant. Vous aurez tout le temps de travailler dur quand ils seront plus grands. Votre travail n'est pas assez important, désolé, ni assez agréable, soyons réalistes, pour lui sacrifier les premières années de vos enfants.

Pour autant, les parents doivent travailler pour gagner leur vie. Le parent oisif doit trouver un emploi créatif et plaisant. Ne ratez pas votre coup. Trop travailler vous tuera à petit feu, ruinera votre vie et celle de vos enfants. Et mènera donc à des pleurnicheries que précisément nous avions convenu de faire cesser.

Afin de prévenir ces désagréments, ne donnez pas à vos enfants tout ce qu'ils exigent. Comme le dit Rousseau :

« J'ai vu des enfants élevés de cette manière, qui voulaient qu'on renversât la maison d'un coup d'épaule, qu'on leur donnât le coq qu'ils voyaient sur un clocher, qu'on arrêtât un régiment en marche pour entendre les tambours plus longtemps, et qui perçaient l'air de leurs cris, sans vouloir écouter personne, aussitôt qu'on tardait à leur obéir. Tout s'empressait vainement à leur complaire ; leurs désirs s'irritant par la facilité d'obtenir, ils s'obstinaient aux choses impossibles, et ne trouvaient partout que contradictions, qu'obstacles, que peines, que douleurs. Toujours grondants, toujours mutins, toujours furieux, ils passaient les jours à crier, à se plaindre [1]. »

Ôtons-nous de l'esprit l'idée selon laquelle dire « non » est un acte de méchanceté. Nous devons habituer notre enfant à savoir ce qui est possible et ce qui ne l'est pas, dès sa plus tendre enfance. Comme nous nous sentons coupables de trop travailler, nous gâtons nos enfants. Le parent paresseux a pour objectif le plaisir et la flemmardise. Le « non » peut être un outil efficace à cette fin. Plus le parent sera oisif, plus l'enfant sera heureux, parce qu'un tel parent sera spontané : joyeux, sans ressentiment et donc de meilleure compagnie.

Un truc que tout parent oisif devrait maîtriser, avec le soutien de l'autre parent (s'il est présent), est de savoir dire non. Dire non fermement et calmement. Cela n'a rien à voir avec la cruauté, c'est même le contraire. Dire non à votre enfant est synonyme de dire « non » aux marques, aux jouets, à l'argent et à toute la société de consommation. Rousseau dit : « Que le non prononcé soit un mur d'airain, contre lequel l'enfant n'aura pas épuisé cinq ou six fois ses forces, qu'il ne tentera plus de le renverser [2]. »

Quand vous dites « non », pour acheter des objets, vous aidez votre enfant à se rendre utile et autonome car dire « non » à des objets, revient à dire « oui » à l'humanité et à la vie. Votre enfant ne doit pas grandir avec l'idée que ses besoins seront satisfaits simplement par une injection d'argent liquide. Il en voudra de plus en plus, en deviendra

1. *Ibid.*
2. *Ibid.*

dépendant et devra accomplir toute une série de choses désagréables une fois adulte pour les obtenir. Les jouets se cassent, l'amour demeure. Soyez stricts.

Nous constatons le résultat du règne des produits de consommation autour de nous : les adultes sont devenus des enfants gâtés. Nous pensons pouvoir obtenir tout ce que nous voulons avec une carte de crédit – je veux, je veux, je veux ! Et on paiera demain. Mais la satisfaction d'un désir mène à un autre désir et nous sommes ainsi perpétuellement insatisfaits. Les enfants savent nous enseigner les joies d'une boîte en carton, d'un galet ou d'une brindille. J'ai emmené notre fille Delilah avec un de ses camarades sur une plage et ils ont joué des heures durant à bâtir des cercles de galets. Nous sommes ensuite allés faire des courses. Dans les parages tournaient des manèges conçus pour vous vider les poches. S'ensuivirent cris et gémissements pour savoir qui serait assis à la place du conducteur. Le commerce mène à l'inégalité et aux pleurnicheries. Nous devons résister à la tentation de leur apprendre qu'un robot est plus intéressant qu'une brindille. Si les enfants africains pleurent rarement, c'est pour deux raisons : premièrement ils maîtrisent davantage leurs vies, et deuxièmement ils ont moins d'objets pour lesquels se quereller.

Vous pouvez vivre la vie comme un jeu tout en étant strict. Il est possible d'être strict sans perdre son humour. Nous ne sommes pas tentés par l'expérience puritaine, soyez sans crainte. Susanna Wesley, la mère du méthodiste John, est célèbre pour avoir conseillé à son fils en 1732 que les enfants « doivent craindre la baguette et pleurer discrètement ». La conception puritaine de l'enfance postulait un enfant pécheur, paresseux et mauvais comme une vipère. Il fallait donc une forte intervention de la part des parents et des professeurs pour corriger leurs mauvaises tendances. *The*

Office of Christian Parents, un guide pour les parents pieux, qualifiait ainsi les enfants : « Paresseux, viles et abjects, menteurs, voleurs, bêtes cruelles, gloutons et bons à rien. » Nous rejetons avec force l'idée d'une enfance forcément pécheresse, tout comme celle d'un âge adulte pécheur. Nous devons aller au-delà des catégories abstraites du bien et du mal. Rousseau veut éviter d'apprendre à Émile de telles dualités. Pour Rousseau, les fables soi-disant morales donnent à l'enfant l'exemple de ce qui est mauvais, et peuvent paradoxalement rendre sympathiques ceux qui agissent mal. Car qui aurait envie d'être une sainte nitouche ? « Qu'est-ce que la culpabilité ? » m'a demandé un jour Arthur. Lui expliquer serait lui donner l'idée de commettre de mauvaises actions pour éprouver cette si étrange sensation. J'esquivai le sujet en lui répondant : « Oh rien, juste un truc idiot d'adulte. »

Rousseau analyse une fable sur un renard dont la morale veut montrer que le mensonge conduit à des ennuis. Il semble conseiller de ne pas lire la fable à l'enfant pour éviter le sujet de la dualité vérité/erreur et même de faire comme si le mensonge n'existait pas. Pourtant, pour connaître le bien, il faut connaître le mal. Pour le petit enfant, c'est pareil. Mais nous, les adultes, nous introduisons ces notions morales trop tôt. Car le petit enfant ne fait pas la différence entre le bien et le mal et fait ses cabrioles en toute innocence. Il ne peut donc pas comprendre les injonctions pour le bien de ces odieux élisabéthains qui ont inventé les maisons de correction. Auparavant, les enfants n'avaient pas besoin d'être corrigés, et les guides de pédagogie médiévaux se concentrent sur les aspects pratiques de l'éducation. Ce sont des guides pragmatiques plus que philosophiques. Ils recommandent ainsi de coiffer l'enfant d'un casque en cuir pour le protéger en cas de chute. L'esprit médiéval n'a pas imaginé que les enfants puissent être moulés comme de l'argile par leurs parents et leurs supérieurs. On les laissait tranquilles.

Les pleurnicheries proviennent d'un sentiment d'impuissance. Donnons à nos enfants une grande force intérieure, il n'y aura plus de pleurnicheries. Cela signifie moins d'interférence. Cela ne m'intéresse pas de créer telle sorte d'enfant destiné à jouer tel rôle plus tard dans la société. Je veux rendre chaque jour agréable pour le parent et pour l'enfant. Le reste suivra. Essayer d'imaginer l'avenir est une des habitudes les plus dangereuses pour les enfants, qui vivent glorieusement chaque instant.

Alors apprenez à dire « non ». Évitez les situations susceptibles de provoquer les gémissements, surtout les endroits où il faut sortir son porte-monnaie : les magasins, les manèges et leurs stands de glaces. Esquivez les McDonald, Carrefour, Toy R us. Fuyez l'automobile. Ne confinez pas vos enfants. Laissez-les tranquilles !

Souvenez-vous que plus vos enfants seront forts mentalement, moins ils gémiront. Donnez l'exemple, ne soupirez pas. Et laissez-les tranquilles.

3

Ne cherchez pas la perfection

Ou pourquoi les mauvais parents sont de bons parents

> *« Un en tout,*
> *Tout en un.*
> *Si cela est réalisé,*
> *Plus d'inquiétude pour être parfait ! »*
> Sengcan, Troisième patriarche du Zen [1].

Il existe dans le vaste monde différents types d'éducation. En Papouasie Nouvelle-Guinée, les enfants ont plusieurs mères, car les femmes s'occupent également des enfants des autres. Dès sept ans, les enfants quittent leur hutte et vont vivre dans une autre famille. À Sparte, on abandonnait même à leur sort les bébés jugés trop faibles sur des collines. Dans la République de Platon, où hommes et femmes

1. Notre traduction.

sont égaux, le philosophe n'exige pas des femmes qu'elles élèvent leurs propres enfants : ils sont envoyés pour leur éducation dans des nurseries d'État. Chez les Vikings, les riches veuves adoptaient. La mise en nourrice était répandue en Europe jusqu'aux temps modernes. Aujourd'hui, en Inde, au Mexique ou dans l'Afrique rurale, les familles sont élargies et tout le monde participe à l'éducation des enfants. Cas célèbre, la sculptrice Barbara Hepworth a même donné ses jumeaux parce qu'elle voulait créer tranquillement. Pendant la Seconde Guerre mondiale, des millions de mères ont élevé leurs enfants sans leur père. Et aujourd'hui, les pères jouent un rôle plus actif dans les tâches domestiques.

Historiquement, philosophiquement et socialement, il existe donc de nombreuses conceptions du parent. Et la moins répandue est celle de la femme seule à la maison. Ce n'est pas une fatalité. Vous pouvez faire autrement.

La maternité n'est pas un rôle, ni un emploi à temps plein. Les enfants n'ont pas besoin d'un maternage continuel. La maternité n'est devenue un métier à temps plein en Occident qu'à partir du moment où chacun s'est mis à vivre de son côté. Aujourd'hui, nous voyons encore fréquemment une vie de famille où le mari part à huit heures du matin et revient à sept heures du soir. La seule compagnie pour la mère est la télévision et la machine à laver. L'ennui que peut alors éprouver une jeune mère est aliénant et gâche sa vie. Victoria m'appelait au bureau en larmes quand notre aîné était petit. Je regrette de ne pas avoir passé beaucoup plus de temps à la maison pendant ses deux premières années.

Cet ennui que peut ressentir une mère à plein temps est aggravé par son sentiment de culpabilité. Elle se reproche de ne pas se réjouir assez de la compagnie de ses enfants. Elle est loin d'incarner la maternité idyllique vantée à la télévision et dans les magazines. Pourquoi ne s'amuse-t-elle pas autant que les célébrités affichant leur joie d'être parent sur les couvertures des magazines ? Parce que, je le dis encore, la maternité est un mythe et la vocation de la femme n'est pas de faire des courses, le ménage et des grimaces au bébé toute la journée toute seule. Elle a besoin de combiner sa maternité à d'autres activités créatrices et à une vie sociale. La femme au foyer est un mythe ou une invention tirée de l'imagination de l'ère victorienne. C'était un symbole du statut social d'avoir une femme corsetée, prompte à faire des malaises et sans emploi. Partout dans le monde, les femmes travaillent. Aux côtés de son mari dans les champs, la femme médiévale était en la matière l'égale de l'homme. Elle brassait la bière, faisait le pain, jardinait, faisant des affaires :

« A-t-elle en vue un champ, elle l'acquiert ;
du produit de ses mains, elle plante une vigne.
Elle ceint vigoureusement ses reins
et déploie la force de ses bras. [...]
Elle se fait des couvertures,
de lin et de pourpre est son vêtement [...]
Elle tisse des étoffes et les vend,
au marchand elle livre une ceinture. »

Voilà la « maîtresse femme » décrite dans le charmant poème du livre des *Proverbes* (31, 16) de l'Ancien Testament.

Ainsi, paradoxalement, la mère oisive ne fuira pas le travail. Comme le père oisif, elle l'accueille. Un travail qu'elle a choisi, indépendant, créatif. Elle évite l'invention terrible, effrayante, anti-spirituelle de l'ère industrielle : l'emploi à temps plein. Le terrible esclavage d'une multinationale. La mère oisive ne veut pas choisir entre « retourner au travail » et rester à la maison. Elle explore le riche et vaste territoire entre ces deux pôles arides. Elle crée son propre emploi, qui soit compatible avec la présence d'enfants et même avec le fait de s'arrêter de travailler plusieurs années. Comme elle a décidé en conscience et de travailler et de s'occuper des enfants, elle profite des deux. Nous avons l'habitude de voir la vie comme une série de fardeaux imposés de l'extérieur, nous rendant malheureux. Mais si nous nous considérons comme des créatures libres et responsables, nous pouvons dire adieu à cette conception. Nous devons nous écarter de ces dualismes artificiels.

Victoria, par exemple, a pris la décision existentielle d'aimer jouer avec ses enfants. Elle ne joue pas avec eux dans ces trous à rats que sont les squares, elle joue avec eux par terre, chez elle. Souvent, lorsque l'on embauche quelqu'un pour s'occuper des enfants, nous présentons la « garde d'enfant » comme un fardeau. Pendant trois ans, nous avons recouru aux services d'une nounou à temps plein. Avec quels moyens ? En hypothéquant. Nous nous sommes endettés, ce qui donne une idée de notre besoin désespéré d'aide. En un sens, cela a bien fonctionné. Isolés comme nous étions, avoir une nounou était un moyen de créer une famille étendue. Par ailleurs, avez-vous remarqué à quel point les grands-parents globe-trotters sont parfois trop occupés pour faire du babysitting ? J'ai regretté la réticence de mes parents en la matière. Victoria travaillait un peu, mais elle était le plus souvent à la maison avec la nounou. Après trois années, nous nous sommes rendu compte que nous devenions dépendants de cette nounou. Elle était merveilleuse et semblait s'en tirer mieux que nous avec nos propres enfants, nous donnant parfois le sentiment d'être inutiles. « Vos enfants ne sont pas sages avec vous, mais sages avec elle » nous a dit un ami. « Ce n'est pas bon pour votre vie de famille. » Il avait bien raison. Nous en étions venus à appréhender les week-ends où

Claire était absente et à attendre avec impatience son retour le lundi matin. Alors nous avons mis fin à cet arrangement et nous nous sommes débrouillés tout seuls pendant un an. La maison a été moins bien rangée cette année-là, mais nous avons retrouvé le sens des responsabilités, une certaine confiance et du plaisir à être parent.

De nombreuses femmes occidentales ont un comportement étrange. Elles désapprouvent les mères qui retournent travailler alors qu'elles-mêmes se plaignent d'avoir à garder les enfants – tout en s'en débarrassant en les confiant à une crèche ou à une nounou. Je ne m'inquiète pas pour les enfants. Ils sont après tout très adaptables et pleins de ressources, avant que nous leur ayons enseigné l'art sombre de la dépendance. Je m'inquiète davantage pour ces femmes qui restent seules à la maison. Leur idéal de la maternité est un mythe social forgé de toutes pièces. Il est libérateur de reconnaître qu'il n'existe pas un modèle unique de la maternité. Chaque femme doit créer sa propre maternité. Si elle choisit de travailler dur, très bien. Si cela signifie rester au lit toute la journée à grignoter du chocolat, très bien. La mondaine de l'entre-deux guerres Nancy Mitford n'a pas été la mère nourricière idéale, mais je préférerais l'avoir comme mère plutôt que Tabitha Twitchit, la chatte imaginée par l'écrivain Beatrix Potter. Créez votre propre mythe et ayez confiance en lui. Les bébés s'en porteront très bien.

Idem pour la paternité. Certains pères aiment jouer, d'autres non. Il n'y a pas de règles. Abandonnons la quête de la perfection. Prenez vos responsabilités et soyez père sans ressentiment. Dans l'*Émile*, Rousseau critique les mères de son époque, pleines de bonne volonté, qui confiaient leur bébé à des nourrices. Mais certaines n'avaient pas le choix, car elles n'avaient pas de lait ou parfois mouraient en couches, ou peut-être avaient-elles envie d'avoir une vie sociale. Et après ? Le sur-maternage représente trop de travail et rend l'enfant dépendant. Ce qu'une mère a de meilleur à offrir est sa bonne humeur, sa joie de vivre, son indépendance. Telle est la priorité. Je ne veux pas dire qu'elle doit être vaniteuse, égoïste, ne pensant qu'à son plaisir. Je parle de l'importance de l'amour-propre et non d'un égoïste amour de soi-même.

Inventez votre propre maternité et votre propre paternité. Je voudrais seulement déconseiller ce maternage sentimental mièvre et écœurant qui accompagne si souvent en Occident la négligence. Les enfants savent se débrouiller. D. H. Lawrence a des mots sévères sur le maternage sentimental de l'enfant :

« Prodiguons-lui tous les soins matériels nécessaires, donnons-lui tout l'amour, la tendresse, la colère qui jaillissent spontanément de l'âme. Mais n'oublions jamais de le laisser tranquille, tout au fond de lui-même. Laissez-le tranquille ! Il n'est pas vous, vous n'êtes pas lui. Il ne se fondra jamais en vous ni vous en lui [...] À bas les mères exaltées, à bas l'exaltation de la maternité qui menace la santé mentale de notre race humaine ! La relation mère-enfant, tant qu'elle reste naturelle, n'a rien de personnel, d'idéal, de spirituel.

Les bébés devraient être systématiquement retirés aux soins de leur moderne mère, et confiés, non pas aux mains avides et maternelles de vieilles filles mais bien plutôt à de grosses femmes qui ne s'en soucieront guère. On devrait fonder une ligue pour la prévention de l'amour maternel comme il existe une société de prévention contre la cruauté envers les animaux. Laissez les enfants à la rue ! Jetez-les à la rue, dans les terrains de jeu et ne vous en occupez plus [1]. »

1. D. H. Lawrence, *De la Rébellion à la Réaction*, « Éduquer le peuple », Paris, Anatolia, traduit de l'anglais par Béatrice Dunner, 2004, p. 77.

Laissons-les jouer, s'amuser en bandes. Semez les graines dans du bon compost et laissez la nature faire le reste !

Les mères et les pères ont besoin d'inventer des stratégies pour éviter la solitude. Ouvrez vos maisons aux autres. Mettez les enfants dans une pièce et laissez-les jouer ensemble, tandis que les adultes bavardent et prennent un verre de vin à la cuisine. Une sorte de vague idéalisme a contaminé notre idéal de l'enfance. Nous avons gravé dans notre esprit l'idéal du parent parfait, mais la perfection n'est pas de ce monde, faute de savoir en quoi elle consiste. Que l'on ne vous dicte pas vos actes, devenez responsables. L'attitude mentale prime, selon Rousseau :

« Je ne puis assez redire que, pour être maître de l'enfant, il faut être son propre maître [...] Si vous pouviez ne rien faire et ne rien laisser faire [...] En commençant par ne rien faire, vous auriez fait un prodige d'éducation[1]. »

Maniez subtilement la barre. Restez à l'arrière-plan, comme le gouvernant idéal du *Tao te king* de Lao Tseu, où les gouvernés s'apercevaient à peine qu'ils l'étaient. Les pères sont tout aussi aptes que les mères à s'occuper de leur enfant une fois passé l'âge d'un an. Puisqu'ils semblent plus enclins à la paresse que les mères, selon notre philosophie, les pères feront de bonnes mères. Ils ont tendance à laisser les enfants se débrouiller seuls plus volontiers qu'une mère anxieuse, harcelée par les messages publicitaires des magazines féminins et de la télévision.

La cause des mères oisives n'est pas défendue par les râleuses qui remplissent les colonnes des journaux féminins. Ce sont des carriéristes ayant découvert que les plaintes sont

1. Jean-Jacques Rousseau, *Émile ou de l'éducation*, in *Œuvres complètes*, Tome IV, Paris, Gallimard, La Pléiade, 1969, Livre II.

vendeuses. Elles se plaignent et communiquent leur état d'esprit à leurs lectrices. Mais leurs lectrices ne sont pas payées pour se plaindre. Elles le font gratuitement. Nous avons besoin de rédactrices qui témoignent plutôt de ce qu'elles apprécient dans la vie de famille, sans esprit de sacrifice mais de façon aimante et nonchalante. Bannissez donc les magazines féminins de votre demeure, ce sont les ennemis d'une mère oisive, avec leurs imaginaires onéreux et illusoires.

Les mauvais parents font… de bons parents. Le pire est le meilleur. Buvez de l'alcool, travaillez moins. Faites-en moins. Laissez tomber. J'ai un jour été interrogé par un magazine féminin américain qui a bien aimé ma sortie : « Les enfants aiment une maman pompette. » Buvez donc un verre de vin à l'heure du bain.

Je ne dis pas qu'il faut cesser d'aimer, de câliner, d'embrasser, de louer vos enfants et de voir en eux de petites merveilles. Mais tout ceci viendra naturellement si vous profitez de la vie et si vous cessez de craindre leur intrusion. Mettez le bébé dans le porte-bébé et allez-vous promener. Soyez fidèle à vos plaisirs.

Ne choyez pas trop votre bébé. John Locke et Rousseau recommandaient même les bains… froids ! Locke fournit des réflexions inspirantes pour les parents oisifs. Issu d'une famille puritaine, il a fait ses études à Westminster où il fut l'ami du poète Dryden. Mis à part ses critiques occasionnelles de la paresse, Locke est intéressant à lire, réconfortant et inspirant. Il semble avoir rencontré les mêmes problèmes que nous aujourd'hui. Il note par exemple « le grand dérèglement des mœurs dont tout le monde se plaint [1] ». Son

1. John Locke, *Quelques Pensées sur l'éducation*, traduit de l'anglais par Compayré, Paris, Vrin, 2007, § 37.

ouvrage *Quelques Pensées sur l'éducation* fut une des sources de l'*Émile* (même si Rousseau critique Locke pour diverses raisons) et, comme l'*Émile*, il aide à réfléchir sur le parent oisif, autrement dit le parent pleinement responsable.

Alors que de nombreux manuels ont été publiés au Moyen Âge avec force conseils pour prendre soin des bébés et des enfants, je ne suis pas certain que l'on s'inquiétait outre mesure à cette époque de jeter les bases d'une éducation idéale, comme s'en souciaient Locke et Rousseau. L'idéalisme est un sous-produit de la révolution protestante. Dans le protestantisme se trouve en effet l'idée selon laquelle vous pouvez forger vous-même votre destin et celui de votre enfant. Cette idée nouvelle du pouvoir de l'homme à s'autodéterminer s'accompagne de l'idée d'un enfant pouvant être moulé comme de l'argile : la culture serait plus importante que la nature. Locke écrit : « Les différences qui existent dans les mœurs et les talents des hommes proviennent de leur éducation plus que d'aucune autre cause [1]. » Les puritains se souciaient eux aussi de soumettre les enfants à leur volonté.

Locke semble néanmoins être d'accord avec Rousseau sur les questions pratiques. Tous deux recommandent une forte dose de liberté. Tous deux s'opposent à trop de civilisation. Les habits devraient être amples, dit Locke. Nous devrions éviter de corseter les enfants. De même, Rousseau ne supporte pas la coutume de l'emmaillotage. La nourriture doit être simple : Locke est favorable au régime végétarien durant les trois ou quatre premières années de la vie de l'enfant où il devrait « s'abstenir de la chair ». Comme Rousseau, il recommande que les enfants en bas âge s'habituent à des températures extrêmes. Le parent oisif n'est pas un parent indulgent.

1. John Locke, *op. cit.*, § 32.

Locke suggère même que les parents donnent à leurs enfants des chaussures perméables: « Leur donner des chaussures si minces qu'elles laissent passer l'eau, quand leurs pieds seront en contact avec elle [...] Qui voudra réfléchir combien c'est chose dangereuse et mortelle de sentir de l'humidité aux pieds, quand on a été élevé trop délicatement, regrettera certainement de n'avoir pas marché pieds nus dans son enfance, comme font les enfants du pauvre peuple, qui s'accoutument si bien ainsi à avoir les pieds mouillés qu'ils n'en souffrent pas plus que d'avoir les mains mouillées[1]. »

Voilà qui est sensé: songez combien de pleurnicheries, de nettoyage de bottes et de tout le foin autour des pieds mouillés on pourrait s'épargner si l'on suivait ce sage conseil. La rigueur apparente exprime une autre philosophie splendide. Le parent oisif n'est pas là pour élever un petit fardeau pleurnicheur, civilisé, dorloté et aux allures de dandy. Nous nous intéressons à la vivacité, à l'œil ardent, à l'enfant au naturel, à la fille et au garçon autonomes et résistants. D'abord parce qu'un enfant libre de vadrouiller signifie moins de travail pour ses parents, mais aussi parce que les enfants doivent être libres. La semelle de la chaussure sépare l'enfant de la nature et de la terre. Le port de chaussures est un pas vers la solitude et la séparation. Alors ôtez leurs chaussures dès que possible, et laissez les bottes prendre l'eau.

Locke aimerait voir les enfants courir au dehors: « Une autre habitude très favorable à la santé de tout le monde et surtout à la santé des enfants, c'est de rester souvent en plein air, et de se tenir le moins possible auprès du feu, même en hiver [...] c'est en procédant ainsi que le corps s'habitue à tout[2]. »

1. John Locke, *op. cit.*, § 7.
2. John Locke, *op. cit.*, § 9.

Locke évoque le besoin de dormir longtemps ainsi que l'importance de restreindre la consommation d'alcool chez les enfants… ce qui suggère l'existence d'un grand nombre d'enfants en état d'ébriété dans l'Angleterre du XVIIe siècle: « Ils ne devraient jamais prendre de liqueurs fortes, à moins qu'ils n'en aient besoin comme d'un cordial et que le médecin l'ait prescrit[1]. » Ce fut un coup dur pour les parents lorsque les fabricants de Calpol, un anti-inflammatoire pour les enfants, ont supprimé du médicament ce qui causait de la somnolence. Ce que la médecine moderne pourrait faire d'utile pour nous autres parents, c'est de prescrire un somnifère doux pour les bébés. Mais je pourrais peut-être tenter la bière !

Locke déconseille de chouchouter les enfants : « Les parents aiment leurs petits, et c'est leur devoir ; mais trop souvent aussi avec leurs personnes ils aiment leurs défauts. Il ne faut pas contrarier les enfants, disent-ils. Il faut leur permettre d'avoir leur volonté en toutes choses[2]. ». Comme Rousseau, Locke estime mauvais de gâter un enfant. C'est mauvais pour le parent également : satisfaire le moindre caprice revient cher et prend du temps. Locke dit que nous risquons d'en faire des petits tyrans pleins de vanité : « Lorsqu'une petite fille est ajustée dans sa robe neuve, et attifée d'une coiffure à la mode, sa mère peut-elle faire moins que lui apprendre à s'admirer elle-même, en l'appelant ma petite reine, ma princesse[3] ? » Nous leur enseignons ainsi les vices et nous passons notre vie à le regretter. Ma fille de six ans me regarde en minaudant et dit avec une voix féminine affectée : « Est-ce que j'ai l'air

1. John Locke, *op. cit.*, § 19.
2. John Locke, *op. cit.*, § 34.
3. John Locke, *op. cit.*, § 37.

jolie ? » Mais comment pourrais-je me plaindre si nous, les parents, leur avons appris ces attitudes ?

Locke ne conseille pas pour autant la sévérité. « Je prends l'enfant pour ce qu'il est, pour un enfant qu'il faut traiter avec douceur, qui doit jouer et avoir des jouets[1]. » Soyez stricts avec les enfants en bas âge, dit-il, et accordez-leur plus d'indulgence et de liberté quand ils grandissent. Trop souvent dit-il, les gens font l'inverse, mais : « La liberté et la complaisance ne peuvent être bonnes pour des enfants. Comme ils manquent de jugement, ils ont besoin de direction et de discipline. Au contraire, une sévérité impérieuse est une mauvaise manière de se conduire avec des hommes, qui ont par eux-mêmes assez de raison pour se diriger. Je ne suppose pas qu'il vous convienne d'avoir des enfants qui, une fois qu'ils auront grandi, seront fatigués de vous et diront tout bas : "Mon père, quand mourrez-vous donc ?"[2] »

Les enfants gâtés et les adolescents bridés, c'est un problème que l'on rencontre partout. En étant contraints, les adolescents tirent encore plus sur la ficelle. Leur mise sous pression finit un jour par trouver un exutoire sous des formes antisociales comme l'agression et le rodéo urbain. Soyez stricts avec vos enfants lorsqu'ils sont petits et desserrez la vis progressivement lorsqu'ils grandissent, et vos enfants deviendront vos amis.

Dans mon cas, ma mère était stricte au sujet de l'heure du coucher parce qu'elle était plus intéressée par sa carrière que par mon frère et moi. Nous avons été plus ou moins livrés à nous-mêmes. Mais cela nous a donné une certaine liberté pour jouer et nous occuper de nous-mêmes. Ainsi, mes

1. John Locke, *op. cit.*, § 39.
2. John Locke, *op. cit.*, § 41.

souvenirs d'enfance sont heureux et je n'en ai jamais voulu à ma mère d'avoir fait carrière. Même si je me recroquevillais, tout embarrassé, lorsqu'elle me lançait un : « Chéri ! » depuis l'autre côté du square, avec sa jupe Biba et ses boucles d'oreilles géantes.

Locke le pense : « Une discipline servile fait des caractères serviles [1]. » Il déconseille également de tenter d'amadouer les enfants avec des pommes et des dragées, ce qui fait d'eux des matérialistes et leur inculque les valeurs de la société de consommation :

« Mais si vous l'engagez à faire quelque chose de raisonnable en lui offrant de l'argent, si vous le dédommagez de la peine d'apprendre sa leçon par le plaisir de manger quelque bon morceau ; si vous lui promettez une cravate à dentelle ou un bel habit neuf, pourvu qu'il s'acquitte de quelques-uns de ses petits devoirs ; n'est-il pas visible qu'en proposant ces choses en forme de récompenses, vous les faites passer pour des choses bonnes en elles-mêmes, que votre enfant doit tâcher d'obtenir, et que par-là vous l'excitez à les désirer avec d'autant plus d'ardeur, et l'accoutumez ainsi à mettre son bonheur dans les jouissances [2] ? »

En tant que parents oisifs, nous voulons des enfants non matérialistes. J'entends sans cesse parler des mamans qui occupent un emploi pénible dans une entreprise pour pouvoir acheter des vêtements chers à leurs enfants. Commencez tôt, faites attention aux dépenses : moins ils en veulent, moins vous aurez à travailler.

Locke conseille également de disputer son enfant en privé et de dresser ses louanges en public. Il remarque à l'inverse

1. John Locke, *op. cit.*, § 50.
2. John Locke, *op. cit.*, § 51.

que les parents grondent les enfants en public afin de paraître fermes et stricts aux yeux des autres. C'est hélas exactement ce que je fais : je les dispute en public afin que l'on pense que je suis un bon père. Mais cela humilie l'enfant. Il vaut mieux faire son éloge devant les autres.

Locke est d'avis de les laisser jouer :

« En effet, les folies innocentes, les jeux, les amusements puérils, tout cela doit être permis à l'enfant, librement et sans restriction, au moins dans la mesure où ces actions peuvent se concilier avec le respect qui est dû aux personnes présentes [...] Mais cette humeur folâtre que la nature a sagement départie à leur âge et à leur tempérament, il vaut mieux l'encourager que la combattre et la réprimer, si l'on veut exciter leurs esprits, accroître leur force et leur santé. L'art suprême est de faire que tout ce qu'ils ont à faire soit pour eux un jeu et un divertissement [1]. »

Comme les taoïstes, Locke recommande de réduire les règles au strict minimum : « N'imposez donc à votre fils que le moins de règles possibles [2]. »

Récemment, Victoria a laissé nos deux plus jeunes enfants avec moi et la fille au pair alors qu'elle emmenait avec elle l'aîné en vacances pendant dix jours. Sa compagne de voyage avait laissé ses jumeaux d'un an à la maison avec une nounou, sa mère et son mari. Loin d'avoir été traumatisés, ses enfants, avec leur mère au loin, ont cessé de se réveiller la nuit et ont fait moins de crises de larmes. « Je ne sais pas ce que j'ai fait, mais c'était de ma faute » reconnut leur mère. Nous avons connu une histoire analogue avec nos enfants. Il est vrai que le plus petit a crié : « Reviens, maman ! » lorsque je l'ai couché

1. John Locke, *op. cit.*, § 63.
2. John Locke, *op. cit.*, § 65.

le premier soir. Mais les jours suivants, cela s'est calmé et les enfants ont moins pleurniché que d'habitude.

Ainsi, chères mères, si vous avez des problèmes avec le sommeil de votre enfant, luttez contre ce conditionnement sentimental et faites une pause. Partez une semaine. Voyez des amis. Buvez. Dormez. Les bébés se porteront bien. En réalité, ils profiteront de cette pause. Cela leur permettra de couper le cordon. Vous n'êtes pas aussi importante que cela, le maternage peut être assuré par des gens qui ne sont pas les mamans. Pensez donc à l'adoption et au placement en famille d'accueil, à tous ces bébés orphelins dont la mère est morte en couches. Ma mère a été élevée par sa grand-mère, car sa propre mère devait travailler comme fleuriste. Aujourd'hui les Ukrainiennes laissent leur enfant de deux ans à leur mère pour aller trouver du travail en Europe. Les petits Chinois sont souvent élevés par leur grand-mère. Devons-nous obliger ces mères à rester à la maison en leur imposant notre mièvre sentimentalisme ?

Une pause pour vous et pour vos enfants. Ne les étouffez pas, et ne vous laissez pas étouffer. Il se peut que vous n'éprouviez pas une dévotion sans faille ni un attachement maternel débordant pour votre bébé. De nombreuses femmes, conditionnées par les mensonges des magazines féminins qui présentent telle actrice fortunée s'extasiant sur les joies de la maternité, s'attendent à tomber amoureuses de leur bébé et deviennent cliniquement déprimées si ce n'est pas le cas.

Les enfants peuvent s'adapter à de nombreuses formes de maternage : il n'existe pas de modèle unique, contrairement à ce que tente de faire croire l'oligarchie. Par exemple, les Anglaises sont encouragées à mettre leur bébé à la crèche pour qu'elles puissent travailler à plein temps. Il n'y a pas si longtemps, on les encourageait à rester à la maison alors que les hommes rapportaient le salaire. Dans les deux cas, il s'agit d'une raison économique transformée en un code moral. De telles décisions devraient appartenir aux parents. Tant que l'enfant est aimé, il peut s'adapter à bien des situations. Nous devrions cesser de battre notre coulpe. Il n'y a pas de mère idéale, il s'agit d'une idée tyrannique utilisée comme une méthode de contrôle par les gens au pouvoir. Je suis un anti-idéaliste. L'idéal conduit à l'échec, car on ne le réalise jamais.

Il est inutile de disputer les enfants sur des questions mineures comme la façon de se tenir à table. Selon Locke : « Ne vous inquiétez jamais pour les fautes dont vous savez que l'âge les guérira […] il convient d'enseigner les bonnes manières par des exemples plus que par des règles. Les enfants, si l'on a soin de les éloigner de la mauvaise compagnie, mettront leur amour-propre à acquérir des manières élégantes [1]. » Alors laissez les enfants décider de bien se tenir plutôt que de les forcer. « N'ayez crainte, les ornements de la conversation et tout l'apparat extérieur des bonnes manières viendront en leur temps [2]. » Locke met en garde contre le harcèlement des enfants par leurs parents : « Harer l'enfant comme un chien et le réprimander à tout bout de champ, ce n'est pas l'instruire, c'est le tracasser et le chagriner sans profit [3]. » Je pense à mes erreurs au sujet de notre fils aîné. J'ai dû tracasser et chagriner le pauvre garçon sans raison maintes fois, lui enjoignant de se servir du couteau et de la fourchette correctement ou d'arrêter de s'agiter sur son siège et de s'affaler sur la table au déjeuner. Peut-être aurais-je dû ignorer

1. John Locke, *op. cit.*, § 67.
2. *Ibid.*
3. *Ibid.*

ces écarts de conduite mineurs. Pourquoi le tracasser ? Locke a raison. Nous perdons un temps fou à essayer de corriger des fautes qui, avec le temps, se corrigeront d'elles-mêmes. Et le parent oisif est avant tout économe de son énergie. N'en dépensons pas inutilement.

4
L'importance de la nature

« Que la nature soit ton premier maître. »
Saint Bernard de Clairvaux (1090-1153)

En Norvège, certains enfants ne vont pas à l'école avant l'âge de sept ans. Avant cet âge, les enseignants les emmènent se promener dans les bois. En Europe, les enfants perdent beaucoup de temps à étudier les forêts tropicales entre les quatre murs d'une salle de classe, sans même remarquer le monde naturel au seuil de leur porte. En reléguant la nature au loin, nous oublions le monde sauvage près de chez nous.

La nature est une bonne maîtresse, libre et amusante. L'une des intentions de Rousseau dans l'*Émile* était de créer un enfant au naturel, non civilisé, libre de tout préjugé urbain. Les enfants élevés « à la Jean-Jacques » couraient librement dans les bois. L'Émile de Rousseau est élevé à la campagne, loin des valeurs décadentes de la ville. Les enfants devraient courir dehors, jouer en toute liberté sans être rivés à un bureau. Or non seulement nous confinons nos enfants dans des voitures en les ramenant de l'école, mais nous les confinons aussi une fois rentrés à la maison devant l'ordinateur et la télévision. Des menottes et des chaînes partout : la question de la garde d'un enfant se résume aujourd'hui à celle de sa contention. Jadis, les enfants se plaignaient d'être coincés à l'école pendant qu'il faisait beau dehors. Mais dès que la sonnerie retentissait, ils sortaient pour aller s'ébattre dans les prés. Quand j'avais huit ans, je parcourais plus d'un kilomètre à pied pour aller à l'école, sans aucune supervision parentale. Aujourd'hui, quand la sonnerie retentit, le parent anxieux attend au portail pour emmener l'enfant gâté à une activité sur-organisée ou directement à la maison, où il se connectera à la camisole nommée Internet. Il pourra même échanger avec des « amis » en ligne. Super. Aujourd'hui, on doit acheter un ordinateur pour parler avec un ami. Hier, c'était une activité gratuite.

Alors que le monde artificiel coûte très cher, la nature est gratuite, physiquement, mentalement, spirituellement et financièrement. Alors que le monde fait par l'homme est frustrant, la nature apporte bien des satisfactions. Elle est l'inverse de la culture commerciale avide et mesquine. Elle ne coûte rien, elle se débrouille toute seule ou nécessite moins de soins. Et notre relation avec elle peut être magnifique si elle repose sur la coopération plutôt que sur l'exploitation et la domination. Voilà bien l'idée puritaine : arracher les mauvaises herbes, planter en lignes droites, éliminer les parasites avec des produits chimiques, labourer, travailler, biner chaque plante. Conquérir la nature, la soumettre. Non. L'enfant de parents oisifs est un enfant sauvage.

Le rôle de la nature comme ressource pour le parent oisif ne peut être exagéré. Cela m'a semblé évident un jour où j'étais assis sur une plage de galets dans le nord du Devon avec mon ami Ged, alors que nos enfants jouaient ensemble dans les rochers. Nous avions remarqué qu'ils avaient passé plusieurs heures sans nous importuner. Ils jouaient sans se plaindre et sans jouets. « La nature ne déçoit pas » me dit alors Ged. Elle fournit tant de galets pour s'amuser que l'on ne peut pas se chamailler pour des galets. Voilà qui contraste avec le monde commercial qui déçoit à chaque coin de rue. La désillusion lui est inhérente. On laisse tomber sa glace par terre, on en veut une plus grande, on veut l'épuisette rose : les parents doivent dire « non » tout le temps. La dernière fois que je suis allé faire les courses en ville avec les enfants, je crois que j'aurais pu me fixer sur la tête un haut-parleur programmé pour répéter « non » toutes les cinq secondes. Récemment, sur une plage du sud de l'Angleterre, ma mère et moi notions que les enfants jouaient de façon harmonieuse avec des galets et des coquillages. Mais dès que nous avions atteint le port, avec ses magasins et leurs tentations, les pleurnicheries et les supplications recommençaient. Déceptions, larmes, bagarres.

Le parent oisif devrait prendre la résolution d'emmener ses enfants dans les endroits les plus sauvages et les moins commerciaux. D'éviter les magasins générateurs de gaspillage et de travail, car le parent oisif évite de créer du travail non nécessaire non seulement pour lui mais aussi pour les autres. De toute façon, cette babiole en plastique ira droit à la poubelle peu de temps après son achat. Et votre sac poubelle sera mis dans un camion puis dans une décharge. Locke et Rousseau recommandent une bonne dose de nature, suivons leurs conseils. Nous aimons le bord de mer non en raison des magasins de glace ou des manèges, mais pour la mer, le sable, les rochers, tous ces éléments naturels résistant au sabotage humain. Certains construisent des paillottes, vendent des cannettes de coca et exploitent ainsi le désir de divertissement des foules. Mais l'attraction principale reste la mer, l'eau, son sombre mystère. Nous sommes attirés par la mer tout comme nous désirons monter à cheval ; nos vies ont besoin de ce contact avec la nature. Mais à la place, nous nous contentons trop souvent de représentations de la nature, d'images, que ce soient des livres, la télévision ou Internet. Arthur, semble-t-il, préfère passer du temps à surfer sur le site Internet d'une association de protection d'oiseaux sauvages que de regarder par la fenêtre, ou *horresco referens*, sortir avec des jumelles pour observer les oiseaux dans les haies et les champs aux alentours. Pourquoi ? Cet attrait pour l'ordinateur et la difficulté qu'il éprouve à sortir doivent être dus à ses parents. Hier, nous avons hélas été contraints de le traîner dehors de force pour une promenade d'un kilomètre sur la colline et dans les bois environnants. Une fois arrivé à la plage, il ne voulait plus partir.

Ne les enchaînez pas, disent Locke et Rousseau, laissez-les courir librement. Au secours ! J'essaie bien de les laisser courir librement, mais ils s'enchaînent eux-mêmes à l'ordinateur. Arthur est en train de fixer l'écran pendant que j'écris ces lignes.

Notre désir de nature se traduit par des vacances organisées : à la plage, au ski, ou dans un Center Parcs sans voiture. Notre esprit sauvage et notre désir de liberté a été récupéré et exploité par l'industrie des loisirs. Ne serait-il pas plus judicieux d'intégrer la nature dans la trame de notre vie quotidienne, plutôt que de la cantonner à deux semaines onéreuses de liberté par an ? La nature commence dans notre jardin. Remplissez un verre de vodka, versez-le sur une plate-bande de fleurs, et vous serez étonné de noter après quelques jours le nombre de scarabées, d'araignées et de charançons qui se promènent. La nature ne devrait pas être reléguée à une « zone ». La nature se trouve même au cœur de la ville, là, au seuil de votre porte. Regardez donc les oiseaux urbains ! Ils n'ont pas d'objection contre le béton. Ils nichent dans des endroits adaptés et dénichent des chenilles et des mangeoires.

Ne gaspillez pas votre argent dans des vacances hors de prix. « C'était horrible » me dit un jour un ami au sujet des vacances à Tobago qui lui ont couté six mille livres sterling. « Il a plu tous les jours. Nous avons passé quatre journées dans les transports. Tout le monde était malheureux. » Il aurait préféré garder cet argent. Les expéditions locales peu onéreuses décidées sur le moment sont plus amusantes. Vous ne pouvez pas planifier votre amusement. Il faut le saisir quand il passe : embrassez la joie en vol, disait le poète William Blake. Partez avec des amis. Divisez-vous en groupes. La famille nucléaire en vacances, à quatre, dont chaque membre a des conceptions tout à fait différentes voire opposées du divertissement est une idée absurde, un rêve, un faux espoir, que vous vendent les saltimbanques des vacances en package. Pour six mille livres sterling, vous auriez pu vous acheter une yourte ou réduire votre endettement. Les vacances sont tellement contrôlées : quand j'étais enfant, j'appréhendais vaguement les vacances au ski. Nous, consommateurs, étions transbahutés de l'avion au car et du car à l'hôtel avec un représentant pontifiant chargé des négociations entre nous et le monde réel. Les repas, les leçons et les pauses défilaient ensuite durant toute une semaine. Comme à l'école. Notre famille appauvrie retournait enfin chez elle, pas forcément réjouie de ce retour à la sinistre réalité. Certes, nous avions connu quelques moments de plaisir intense, sur nos skis, dans les bois, une rupture avec le quotidien, mais cela valait-il vraiment l'argent dépensé ? Je dirais que non.

Il existe des façons plus simples et plus abordables de rapprocher nos enfants de la nature. J'ai déjà suggéré d'explorer les environs trop souvent méconnus. Mais on peut aussi tenter le camping. Je ne parle pas de la caravane en plastique tractée sur autoroute et garée dans un camping avec vue sur une bretelle et des toilettes en béton. J'ai emmené un jour Arthur dans un de ces campings près de chez nous. J'ai été choqué de voir des familles entières dans leurs caravanes en train de regarder la télévision par une belle soirée d'été. Personne n'était dehors. Tout ce petit monde était à l'intérieur, connecté. Il semble que le slogan publicitaire: «Partir loin de tout» est devenu: «Tout emporter avec soi.» Je me souviens aussi de vacances sur l'île d'Eigg. Mon ami DJ entra dans le cottage en location et me considéra avec pitié: j'avais déjà branché mon ordinateur portable. «Que fais-tu?» me demanda-t-il. «Tu étais censé te couper de ton quotidien de m…» Il avait bien raison.

Alors non. Pas ce genre de camping. Nous avons besoin d'exercer nos imaginations plutôt que de saisir la souris automatiquement dès qu'il s'agit de prendre une décision. Nous, les parents oisifs, voulons nous asseoir autour d'un feu de camp, boire de la bière et entonner des chants alors que nos enfants sont en train de jouer. Comme le grand artiste britannique vagabond Augustus John (1878-1961) qui errait dans la campagne avec femme, enfants et caravane. Nous voulons un camping libre. Trouvez un ami et un pré, un groupe de potes ou quatre autres familles et montez le camp pour le week-end. Pourquoi ne pas louer ou acheter un pré pour avoir votre propre coin pour camper? Au lieu de deux semaines de vacances en famille, organisez de petites expéditions au courant de l'été.

L'année dernière, nous avons réussi à concrétiser cette idée car nous avions eu la chance d'être invités par des amis qui avaient accès à un bout de terrain pour deux ou trois semaines. Nous étions une dizaine d'adultes et une vingtaine d'enfants qui jouaient ensemble sans télé ni ordinateur, et nous laissaient tranquilles. Je me réveillais chaque matin avec des lits vides autour de moi. Les enfants avaient déjà inventé des jeux dans les bois. Il n'y avait pas à se fatiguer à les « divertir » car ils le faisaient très bien sans nous, alors que nous les adultes étions occupés à des tâches vitales comme préparer du thé, discuter et gérer nos gueules de bois. Si vous ne trouvez pas de pré, vous pouvez tenter le camping sauvage, un retour à l'abondance de la nature où les jouets sont des bouts de bâton et des cailloux. Ou camper dans le jardin de quelqu'un d'autre, ou dans le vôtre.

Vous pouvez aussi intégrer la nature à votre vie quotidienne en faisant pousser des fleurs dans des pots, si vous n'avez pas de jardin, ou dénicher un lopin dans un jardin familial et en faire votre paradis végétal avec des cabanes et des abris de jardin. Les enfants aiment semer des graines et les voir pousser – et les meilleurs petits pois sont ceux qui viennent du jardin. Laissez la nature faire le travail.

La cueillette des mûres est une activité géniale. Les ronces poussent partout. Je conserve un très bon souvenir de nos sorties familiales pour aller cueillir des mûres le matin, bien plus que des matinées passées à regarder la télévision. Et qui dit cueillette de mûres dit crumbles et confitures. Trouvez votre nourriture dans les haies avec un guide pratique.

Les rivières, les ruisseaux, les galets, les rochers… tel était le message du poète Wordsworth. La nature unira ce que l'homme a déchiré. C'est une harmonisatrice, alors que le marchand de glaces crée des conflits. Pour moi, un des grands philosophes contemporains de la nature est Masanobu Fukuoka, auteur de *La Révolution d'un seul brin de paille* publié en 1978 [1]. Ce livre remarquable, écrit après que l'auteur a passé vingt ans dans sa petite ferme en perfectionnant la méthode du non-agir, est proche de mon idée de la paresse. Il n'est pas question de négliger mais de laisser les choses couler avec le flux dans un sage et joyeux détachement. C'est, selon l'expression d'Aldous Huxley, « une résignation active ». Fukuoka ne veut pas dire qu'il reste assis à ne rien faire alors que la nature autour de lui redevient sauvage. Il crée des situations où la nature fera le travail avec un minimum d'intervention humaine. Il ne laboure pas et n'utilise pas d'engrais. Il enfouit les tiges de paille dans le sol après récolte et l'asperge de fumier de poule. Il sème des engrais verts comme du trèfle. Avec ces techniques, il dit obtenir un rendement égal aux méthodes modernes : « J'ai démontré dans mes champs que l'agriculture sauvage produit des récoltes comparables à celles de l'agriculture scientifique moderne. Si les résultats d'une agriculture passive (non-active) sont comparables à ceux de la science, pour un investissement bien moindre en travail et en ressources, alors où est le bénéfice de la technologie scientifique [2] ? »

De la même façon, nous dit Fukuoka, nous devrions laisser les enfants grandir de leur côté et nous abstenir d'une intervention énergivore, laborieuse, intensive dans l'éducation d'un enfant, exigeant travail et argent. Nous avons besoin d'une éducation à faible impact, sans rien faire, sans travail. Maîtrisez les processus naturels et ils feront le travail à votre place. Dans le cas du jardinage, cela signifie se promener et réduire ses efforts. Tout comme avec les enfants. Asseyez-vous

1. Manasobu Fukuoka, *La Révolution d'un seul brin de paille*, Paris, Guy Trédaniel, traduit de l'américain par Bernadette Prieur Dutheillet de Lamothe, 1983.

2. *Op. cit.*, p. 190.

et regardez les jouer et bavarder. Voici un passage tiré de Fukuoka : « Dès l'époque où il entre à l'école maternelle commence la souffrance de l'homme. L'être humain était une créature heureuse mais il créa un monde dur et maintenant il lutte pour essayer de s'en évader. Dans la nature, il y a la vie et la mort et la nature est pleine de joie. Dans la société humaine, il y a la vie et la mort et les gens vivent dans la tristesse[1]. » « Les savants qui se réjouirent quand des roches furent rapportées de la Lune ont une connaissance moins profonde de la Lune que les enfants qui chantent : "Quel âge avez-vous, madame la Lune ?" Le poète Basho pouvait percevoir la merveille de la nature en observant le reflet de la pleine lune sur le calme d'un étang. Tout ce que les savants ont fait quand ils sont allés dans l'espace et ont marché lourdement avec leurs bottes spatiales, fut de ternir un peu de la splendeur de la Lune pour des millions d'amoureux et d'enfants sur la Terre[2]. »

Dans le même esprit, veillons à ne pas empiéter sur la vie de nos enfants. Ce qui ne signifie pas les négliger, tout comme l'agriculture naturelle ne signifie pas laisser les ronces tout envahir. Ni s'abstenir de réfléchir à ce que vous faites ni refuser d'assumer la responsabilité de vos actes. Les enfants ont besoin d'un bon terreau pour croître. La pléthore de biens de consommation et la publicité incessante sont des formes commerciales d'intrusion. Les objets de consommation sont comme des engrais chimiques : chaque année qui passe en exige davantage, et les enfants deviennent dépendants. Ce sont autant de diversions de la vie naturelle de l'esprit capable en réalité de se redécouvrir sur les plages

1. *Op. cit.*, p. 185.
2. *Op. cit.*, p. 187-188.

rocheuses, les landes, dans les bois et les lieux sauvages ou dans l'interstice entre les pavés.

Rousseau parle beaucoup de l'enfant naturel et Fukuoka de l'agriculture naturelle. Le message est le même : laissez-les tranquilles. Faites-leur confiance. Fournissez des conditions fertiles et ils pousseront. Obtenez de bonnes graines. Le parent oisif aimerait voir son enfant s'épanouir en groupe avec d'autres herbes plutôt que dans une serre chauffée et cultivée de façon intensive.

L'éducation naturelle est douce et facile. Elle exige peu de travail et donne des enfants forts, en bonne santé, uniques, confiants. Il ne s'agit pas d'imposer aux enfants une idéologie ou d'obtenir un adulte « idéal », mais de les laisser croître selon leur caractère unique. Comme les graines de courgettes : nous les mettons dans du bon compost avant de les repiquer dehors.

Nous pouvons aussi apprendre de nos enfants ce qu'est la nature. Comme le dit Fukuoka : « Ce que l'on conçoit comme étant la nature n'est que l'idée de nature émanant de l'intelligence de chacun. Ceux qui voient la nature vraie sont les enfants. Ils voient sans penser, net et clair [1]. »

Mais nous transplantons trop tôt ces enfants du monde de l'appréhension naturelle à un monde d'intermédiaires comme les livres, les enseignants, les sites Internet. Arthur préfère ainsi regarder les oiseaux sur un écran plutôt que de regarder par la fenêtre la mangeoire où s'ébattent les mésanges. Pourquoi ? C'est ce que nous lui avons appris. Ceci dit, Arthur vient juste de me demander une boîte d'allumettes. Il avait un scarabée dans la main et voulait le mettre quelque part. Alors peut-être qu'il ne faut pas s'affoler trop vite.

1. *Op. cit.*, p. 53.

Nous pouvons apprendre des jeunes enfants une acceptation du monde tel qu'il est, dénuée de tout jugement. Un enfant est assis dans un pré et joue avec de l'herbe. Il ne pense pas : « Comme c'est beau, quelle belle journée, pas un seul nuage dans le ciel ! » Voilà des conceptions inventées par l'homme adulte. Le petit enfant se contente d'être. Pas de concepts, ni de notions livresques, préjugés, moralités, bonnes résolutions, souffrances narcissiques, désir de fuir, doutes et peurs. Il n'observe ni n'examine. Il ne regarde pas le coucher du soleil, car regarder quelque chose revient à s'en détacher. Il *est* le coucher du soleil. Or nous quittons trop tôt ces jardins d'Eden. Conscience de soi, souffrances et feuilles de figuier s'interposent entre nous et le monde naturel. Et nous passons le reste de notre vie à essayer d'y retourner.

5
Plus on est de fous, plus on rit

« Banquetez souvent, que vos amis ne soient pas toujours tristes.
Et que leurs plaisanteries et divertissements nous rendent joyeux. »

Robert Burton [1]

Même si les écrits de Rousseau et de Locke sont remplis de sagesse, quelque chose me gêne dans leurs ouvrages : leurs petits protégés ne semblent pas avoir d'amis. L'enfant est isolé. Alors que tous deux insistent sur l'importance du jeu et du plaisir dans la vie de l'enfant et que leurs livres proposent maintes idées généreuses sur l'éducation et le rôle de la nature, leur monde est éloigné du monde médiéval où la vie était vécue en commun. Songez par exemple au tableau de Brueghel peint en 1560 *Les Jeux d'enfants*, où l'on voit deux

1. Robert Burton, *Anatomie de la mélancolie*, traduit de l'anglais par Bernard Hoepffner, Paris, José Corti, 2000, p. 940.

cents enfants jouant ensemble, sans un seul parent en vue. À l'inverse, l'élève imaginaire de nos deux philosophes est tenu à l'écart des mauvais garçons. Cette mutation d'une convivialité brouillonne au confinement dans une serre chauffée reflète bien entendu la grande mutation historique entre 1400 et 1600, qui aboutit à l'isolement de l'individu. Nous pouvons comparer les vastes bandes d'enfants de Brueghel avec les portraits très formels de Velázquez ou du Caravage, ou plus tard du peintre britannique Joshua Reynolds représentant un enfant vêtu de façon très distinguée, mais tout seul. Alors que les cathédrales médiévales explosent de vie, l'art de la Renaissance représente l'homme isolé.

Rousseau et Locke se soucient en réalité de modeler l'enfant. Voilà bien une idée puritaine en matière éducative. L'enfant devait être façonné pour jouer un rôle dans un certain type de société. Et même si le moule des deux philosophes est libéral, il s'agit toujours d'une forme de conditionnement. Pour être façonné, l'enfant doit être séparé des autres. Le parent oisif trouve que tout cela exige un travail trop ardu et se demande de toute manière si c'est bon pour l'enfant.

Ce thème est analysé par Barbara Ehrenreich dans *Dancing in the streets*[1]. Elle affirme qu'une « épidémie de mélancolie » est apparue aux alentours des années 1600, au moment où Robert Burton écrivait que la mélancolie produisait une « âme corrompue qui macère dans les chagrins et le mécontentement, dans la lassitude de la vie [...] elle ne supporte plus la compagnie, ni la lumière voire la vie même[2] ». Ehrenreich cite l'historien Lionel Trilling qui écrit : « À la fin du seizième

1. Barbara Ehrenreich, *Dancing in the streets*, New York, Metropolitan Books, 2006.

2. Barbara Ehrenreich, *op. cit.*, notre traduction.

et au début du dix-septième siècles est advenue une certaine mutation dans la nature humaine[1]. » L'historien Yi-Fu Tuan parle d'un nouvel « isolement, [d'une nouvelle] solitude, un sens du détachement, une disparition de la vitalité naturelle et de l'innocent plaisir à voir le monde comme un don[2] ». Ehrenreich dit que ce nouveau genre d'individu ne trouve pas la liberté, mais au contraire souffre d'une forme de dépendance, une dépendance à la manière dont il est vu par le monde extérieur. « Comment vais-je me débrouiller ? » est la question-type de ce nouveau solitaire. La perte du sens de la communauté a causé l'apparition d'un individu se prenant très au sérieux.

Lorsque j'ai interrogé Barbara Ehrenreich, j'ai abordé la question de la solitude de la famille moderne. Je lui citai l'exemple d'Alia Hartman, une journaliste mexicaine qui vit en Allemagne avec son époux allemand : « La vie est bien plus dure ici », m'avait-elle dit. « Au Mexique, beaucoup de gens peuvent vous aider, des tantes, des oncles, des amis. En Allemagne, vous êtes tout seul. » Ehrenreich, qui est grand-mère, oppose son style de vie lorsqu'elle était enfant à celui de ses propres enfants : « Les enfants ne vont plus de maison en maison comme le faisait ma fille quand elle était petite. Nos arrière-cours n'étaient pas séparées et les enfants partageaient un espace commun. Tout est plus contrôlé aujourd'hui. Or les enfants n'aiment rien mieux que d'aller courir dehors en bande. Ils aiment aller et venir comme la marée. »

Voilà la faille chez Locke et Rousseau : l'isolement. Nous les adultes, nous avons commencé par nous isoler et nous isolons aussi les enfants. On m'a dit qu'à New York les

1. *Ibid.*
2. *Ibid.*

enfants ne découchent jamais tant la peur des pédophiles est devenue grande. Pourtant si l'enfant passe la nuit chez un ami, c'est une pause bénie pour le parent oisif. S'il invite un ami, ils s'amuseront, ce qui vous laisse du temps pour des tâches importantes comme désherber, boire de la bière, jouer de l'ukulélé ou rêvasser en regardant par la fenêtre.

Le but de cet ouvrage est de vous encourager à résister à la culture puritaine du travail et à ses inventions comme l'école et l'emploi à temps plein, et à retrouver un peu de cette bonne convivialité à l'ancienne et de cet accueil de la providence, dès l'enfance et à l'âge adulte.

Dans le roman utopique d'Aldous Huxley *Île*, le héros se retrouve sur une île nommée Pala où les habitants ont créé une société qui harmonise le meilleur de la science occidentale et du mysticisme oriental. La solution au problème de la famille nucléaire est le partage du fardeau. Les insulaires le font au moyen de clubs d'adoption mutuels. Chaque famille entre en contact avec un réseau de vingt autres familles. À tout instant, un enfant d'une famille peut aller rejoindre une autre famille. Le système fournit une soupape pour échapper au confinement intrafamilial. Comme l'explique Susila, une maman palanaise :

« L'évasion est fondée sur le nouveau système. Quand le “Home Sweet Home” paternel se fait trop insupportable, l'enfant est autorisé, est activement encouragé – et tout le poids de l'opinion publique est derrière cet encouragement – à émigrer dans l'un de ces foyers [...] nous avons notre quota de mères-députés, pères-députés, oncles et tantes-députés, frères, sœurs, nourrissons, enfants et adolescents-députés [1]. »

1. Aldous Huxley, *Île*, traduit de l'anglais par Mathilde Treger et révisé par Hélène Cohen, Paris, Plon, 2018.

Voilà une idée à appliquer tout de suite. En étendant la famille et en créant un réseau d'amis et de voisins solidaires qui s'entraident, la vie pourrait devenir plus facile.

Mais aujourd'hui, nous avons peur. Dans les années 1970, avec mon frère, nous quittions la maison le matin, enfourchions nos bicyclettes et nous jouions toute la journée dans la rue. Ou nous allions dans les bois. Quand j'avais quatre ans, j'allais avec mon frère âgé de deux ans au bout de la rue pour acheter des glaces. Les enfants devraient courir en bandes, mais on les met en compagnie d'une grande télévision ou d'un ordinateur. « Je sais qu'il est en sécurité ici à la maison », a déclaré une maman dans une émission de télévision. Ce genre d'isolement sied bien à la culture de consommation : tout seul devant son écran, l'enfant est la proie des annonceurs. En jouant dans un pré avec des amis, il échappe au rôle de consommateur dans l'économie.

Quand Arthur revient de l'école, il va droit sur un site appelé Club Penguin où, dit-il, il peut « parler » à son ami dénommé Sam. Traitez-moi de luddite, mais ne serait-il pas moins cher, plus facile et plus sain d'inviter à la maison ledit Sam en chair et en os ?

Luttez contre l'isolement. L'antidote : ayez davantage d'amis, d'amusements, de fêtes. Plus les enfants sont nombreux, plus c'est facile pour les parents.

Un enfant seul vous dira :

« Je m'ennuie. »

Vous répondrez :

« Va dehors !

– Mais il n'y a rien à faire dehors.

– Joue dans la cabane, ou fais un dessin.

– Aaaaaaaaaah, je ne veux pas. »

À ce moment, le parent pourrait se mettre en colère. Un enfant geignant et dépendant est casse-pied. La seule chose qui le satisfera sera un jeu de Monopoly en tête-à-tête. Mais je ne veux pas jouer au Monopoly avec un enfant de sept ans. Je veux aller au jardin pour lire et fumer une cigarette. Si deux enfants jouent ensemble, c'est déjà mieux. Un peu de tracas, mais pas tant que cela. Et dès qu'ils sont trois ou plus, ils disparaissent du champ de vision : ce que nous recherchons. Plus on est nombreux, moins le travail est dur. Plus les enfants sont nombreux, plus cela allège le travail des parents. Ajoutez à cela le plaisir de les voir s'amuser ensemble. Au loin.

Nous avons récemment reproduit une situation à la Brueghel pour notre banquet médiéval annuel. Pendant que les adultes ripaillaient sous un barnum, de vastes bandes d'enfants jouaient dans le pré à côté. Il n'y a rien de pire que les « espaces enfants » dans les festivals – les enfants n'ont pas le droit d'y aller sans surveillance parentale, ce qui détruit tout l'intérêt de ces festivités, selon mon expérience. Vous verrez des parents qui s'ennuient, souriant faiblement devant leurs enfants s'essayant au jonglage avec des balles fluo. C'est l'enfer sur terre. Aussi terrible que les plaines de jeu. Et les balançoires ! Tuez-moi vite avant que je ne meure d'ennui.

Tout ce dont vous avez besoin est d'un pré. Un seul. Pas de balançoires ou de murs d'escalade. Les parents et la bière à un bout du pré, et au beau milieu, les enfants qui jouent.

À un festival l'année dernière, Arthur s'est fait amis avec des garçons d'un camping familial à proximité. Chaque jour, il disparaissait avec eux pour aller jouer. Nous avons découvert qu'ils vivaient en communauté. Arthur le découvrit aussi mais il l'exprima à sa façon : « Billy vit avec ses amis ! » me dit-il, comme si c'était l'idée la plus géniale qui soit.

La tristesse chez les adultes peut être causée par le sentiment de solitude et doit être soignée non pas avec du Prozac mais avec de la convivialité. On peut se demander si ce n'est pas un peu pareil pour les enfants. Nous devrions peut-être tout simplement les encourager à chanter et à danser.

Une différence clef entre les conceptions médiévale et moderne de l'enfance concerne la compréhension du rapport entre nature et culture. Aux XIIe et XIIIe siècles, on pensait que si un enfant de noble extraction était élevé par des paysans, tôt ou tard sa nature noble finirait par reprendre le dessus. La nature déterminait tout. Cette idée me plaît bien. On laisse les parents tranquille ; vous ne comptez pas tant que ça, mieux vaut vous soumettre à la volonté de Dieu. Ça enlève un vrai poids des épaules des parents. Toutefois à l'époque de Locke, l'apport humain était crucial : « Les neuf dixièmes des hommes que nous connaissons sont ce qu'ils sont, bons ou mauvais, utiles ou nuisibles, par l'effet de leur éducation [1]. » Ce point de vue persiste aujourd'hui : le psychologue Oliver James, par exemple, pense que l'éducation est tout, et que l'atmosphère à la maison, surtout les premières années, est l'élément clef qui déterminera votre caractère. Chez Locke, l'éducation et les parents revêtent une importance nouvelle. Si les enfants peuvent être modelés aux neuf dixièmes, il serait irresponsable pour les parents de rester inactifs. Ainsi, comme il est peu probable de pouvoir un jour mettre un terme à ce débat, je propose que chacun d'entre nous invente sa propre théorie nature/culture et trouve des éléments de preuve chez les historiens et les scientifiques, quelles que soient leurs prétentions à l'objectivité.

1. John Locke, *Quelques Pensées sur l'éducation*, traduit de l'anglais par Compayré, Paris, Vrin, 2007, Préambule.

Le parent oisif, je crois, choisirait une répartition d'un tiers pour la nature, deux tiers pour la culture. Ce qui signifie que nous ne sommes pas dénués d'importance dans la vie d'un enfant. Ce qui permettrait de les respecter, car de façon générale, nous ne les respectons pas assez. Cela vaut la peine d'insister : nous sommes toujours en train de nous mêler de leurs affaires, soit en organisant des activités sans fin soit en les disputant, ou en nous installant face à eux pour avoir une « discussion sérieuse » (quelle horreur) en essayant de comprendre leur souffrance et de vraiment compatir, les yeux humides d'empathie. Cette empathie est déjà une intrusion, une présomption. Comment pouvons-nous entrer dans l'esprit de quelqu'un d'autre, et surtout d'un enfant ? Je me souviens avoir souffert lorsque mon père s'asseyait en face de moi pour avoir une bonne discussion. Mon père faisait de son mieux, mais c'était inutile. Lorsque j'essaie d'avoir une discussion-franche-mais-aimante avec Arthur, il s'agite, trépigne et fait tout pour conclure rapidement l'expérience.

Alors si vous voulez vous faciliter la vie et celle de vos enfants, vous devez vous organiser pour qu'ils se retrouvent en bandes. Ne les confinez pas dans des voitures, dans le noyau familial, ni devant un écran. Et chez vous, pourquoi opter pour des chambres individuelles ? Nous avons réalisé que nos enfants avaient envie d'être ensemble, comme une bande de hamsters. Ils dorment ainsi tous dans la même chambre. Tout d'abord, Arthur a demandé à être avec Henry. Et ensuite Delilah a déclaré qu'elle se sentait seule dans sa chambre. Maintenant ils se disputent tous les trois dans la même chambre, mais c'est mieux ainsi.

Ce qui me mène à un autre point : les amis adultes. Nous aimons boire un verre à la cuisine avec nos invités tandis que les enfants font la course dans la maison ou dans le jardin.

Cela a été la grande révélation après notre déménagement à la campagne. Au lieu de mettre les enfants au lit et de partager un dîner stressant, nous avons constaté que des familles se rassemblaient le week-end pour de longs déjeuners. Avec des adultes d'un côté, des enfants de l'autre. Et moi à qui manquaient des sessions de boisson tard dans la nuit, j'ai trouvé une solution : boire plus tôt. À neuf heures, j'étais prêt pour le coucher, mais j'avais eu du temps pour boire de la bière toute l'après-midi. Avec d'autres adultes. Alors que les enfants s'occupaient sans nous. Telle est la façon de vivre dans les sociétés moins industrialisées que les nôtres : des gens partout ! Convivialité, réjouissances : telles sont les clés.

Un peu d'alcool adoucit le père autoritaire. On devient moins sévère : « Bien sûr que vous pouvez manger tout le sachet de Haribos, allez-y ! Cela m'est égal ! » Cela fait du bien d'arrêter d'être une figure autoritaire. Soyez imparfait, lâchez prise. Mon amie Kate me dit qu'elle fut soulagée quand elle a cessé d'harceler son fils de seize ans pour qu'il arrête de fumer. Respectez-les et laissez-les un peu faire ce qu'ils veulent. Ce n'est pas synonyme de licence. On ne va pas les autoriser à casser des voitures, cracher sur les gens, frapper les voisins. Non. Vous pouvez être strict et libéral en même temps.

La vie en groupe donne un aperçu d'une vie sans autorité surplombante, d'une vie autogérée. Fini le dictateur médiocre, le domestique s'agitant en tous sens, essayant sans succès de faire régner l'ordre, criant, houspillant et claquant les portes. Nous sommes devenus des égaux de l'enfant, éméchés, détachés, amusés. Ils vivent en bandes et font ce qu'ils veulent comme nous, les adultes. Pour un bref moment, avant de revenir à la tyrannie familiale quotidienne, nous vivons en tribu, sans patrons, ni agenda, ni bus, ni argent à gagner, ni feuilles d'impôts à remplir.

Ce week-end, nous avons organisé une grande fête pour une petite centaine d'amis et de voisins avec leurs enfants. C'était un grand plaisir de voir les enfants de tous âges courir en tous sens. Pas de pleurnicheries, ni de supplications, juste un jeu sans supervision de notre part, toute la journée. Un ou deux enfants ont saigné du nez et ont laissé quelques papiers par terre mais la journée s'est bien passée. Ils ont laissé leurs pulls traîner partout mais on ne peut pas s'attendre à ce qu'ils réagissent comme des adultes. Alors laissez tomber, acceptez l'idée d'avoir à ramasser quelques pulls.

Les enfants appartiennent à une autre espèce. Nous ne pouvons pas être dans leur tête. Le temps que nous croyions les avoir compris, ils ont déjà changé. L'expression : « C'est juste une phase » est d'une grande utilité pour le parent oisif, car c'est souvent vrai. On commence à s'inquiéter d'un aspect de leur comportement, comme le fait de nous coller tout le temps par exemple. Mais à peine avons-nous eu le temps de nous alarmer que le problème a déjà disparu de lui-même. Alors, pourquoi se tracasser ? Le pédagogue anarchiste A.S. Neill (1883-1973) pensait que, par nature, l'enfant était égoïste et cherchait toujours à exercer son pouvoir [1]. Oui, les enfants sont égoïstes, mais cela leur passe en grandissant.

1. A.S. Neill, *Libres enfants de Summerhill*, traduit de l'anglais par Micheline Laguilhomie, Paris, La Découverte, 2004.

6
À bas l'école

« Comment peut-on donner le bonheur ? Abolissez l'autorité. Permettez à l'enfant d'être lui-même. Ne soyez pas après lui. Ne le sermonnez pas. Ne cherchez pas à l'élever. Ne le forcez pas à faire quoi que ce soit. »

A. S. Neill [1]

« Enseignons aux enfants à lire, à écrire et à compter, puis laissons-les libres de fixer leurs propres objectifs. Quand on a de la ressource et de la vaillance, on ne meurt jamais de faim. »

D. H. Lawrence [2]

« L'éducation est la servante de l'économie. Elle est aujourd'hui profondément assujettie au caractère

1. A.S. Neill, *Libres enfants de Summerhill*, traduit de l'anglais par Micheline Laguilhomie, Paris, La Découverte, 2004.
2. D. H. Lawrence *De la Rébellion à la Réaction*, traduit de l'anglais par Béatrice Dunner, Monaco, Editions du Rocher, 2004.

prétendument inévitable de la mondialisation et de la compétition économique internationale. »

Stephen J. Ball [1]

Nous ouvrons ce chapitre avec une idée paradoxale : afin de donner la meilleure éducation à votre enfant, il faut lui en donner le moins possible. L'éducation formelle et organisée est trop répandue. Cette éducation dispensée dans des écoles est synonyme de lavage de cerveau, de garde d'enfant gratuite, d'académie de la bêtise. Cette éducation, selon les paroles du groupe punk The Clash, « vous apprend à être stupide ». John Lennon était également contre l'école. Souvenez-vous des paroles de « Working Class Hero ». Cela vaut la peine de savoir que l'important développement des lycées aux XVIe et XVIIe siècles a été motivé par l'idée, protestante, selon laquelle il est possible de façonner les enfants en série sur le modèle du serviteur loyal de l'économie et de Dieu.

Contrairement au système médiéval, qui admettait une grande variété de styles de vie, dont la mendicité et la paresse, celui de la Réforme a standardisé et idéalisé nos existences. Il n'était plus question de contemplation mais de travail acharné. Une idée abstraite de la perfection se diffusa dans la culture, cette idée que l'homme se trouve sur terre pour travailler à son perfectionnement. Ses promoteurs prétendaient que cela améliorerait le niveau moral général, et que même les enfants pourraient réformer leurs parents.

L'évêque anglican White Kennett (1660-1728) écrit en 1706 :

1. Stephen J. Ball, *The Education Debate*, Bristol, Policy Press, 2013. Notre traduction.

« Certains parents se trouvent régénérés par l'influence de leur propre chair et de leur propre sang. Voir des enfants hors des heures d'école prenant plaisir à apprendre leurs leçons et à lire des livres, voilà qui a touché le cœur des parents ; ils ont repris les lectures qu'ils avaient abandonnées et sont revenus au savoir et à la pratique de la moralité et de la religion [1]. »

Une idée semblable a été défendue par le philosophe protestant Richard Baxter (1615-1691) en 1673 : « Que l'on apprenne aux enfants la lecture, sinon vous les priverez d'une aide singulière à leur instruction et au salut de leur âme [2]. »

Les éducateurs protestants pensaient que si les gens apprenaient à lire, il serait plus facile de contrôler les idées auxquelles ils étaient exposés : on pourrait choisir leurs livres. Ainsi le salut des âmes est-il passé d'un spectacle public faisant sangloter les fidèles sortant des églises au Moyen Âge à des lectures d'ordre privé. Un autre pédagogue a écrit que les « désordres » et la « désobéissance » pourraient être évités si les gens apprenaient à lire.

Voilà donc les fondements idéologiques du système scolaire actuel : l'éducation est une instruction morale et la lecture est valorisée si cela facilite le lavage de cerveau, et si cela aide l'individu à jouer son rôle dans notre univers commercial. Les enseignants ont aujourd'hui deux raisons de se plaindre : la bureaucratie et la centralisation de l'éducation avec la main de fer du gouvernement central, mais aussi leur rôle limité à la préparation d'enfants au monde du marché du travail, tels des petites abeilles dociles prêtes à être asservies par des multinationales – et appelant cela liberté.

1. White Kennett, *The Charity of Schools for Poor Children*, Londres, Joseph Downing, 1706.

2. *Op.cit.*, notre traduction.

Ainsi, l'histoire nous présente un tableau confus. L'éducation est vue par certains comme le chemin vers la liberté et par d'autres, comme un lavage de cerveau.

L'éducateur oisif, lui, cherche à élever des enfants qui ont un esprit vif et du caractère, comme le dit D. H. Lawrence. Il doit également s'assurer que les enfants s'amusent, ici et maintenant. Presque tous les livres actuels sur l'éducation, même libéraux et bien intentionnés, conseillent « d'investir dans l'avenir ». Je préférerais lire : « contempler le présent ». Nous persistons à croire que le présent n'est pas vraiment très important et que l'avenir doit seul nous intéresser. Le terme « investir » me fait frémir d'horreur. Comme si les enfants étaient des petites entreprises capitalistes dans lesquelles investir pour obtenir un retour sur investissement quelque temps plus tard. Le terme « investissement » transforme les enfants en objets. L'avenir est un concept capitaliste, une sécularisation de l'idée religieuse de salut. Non. Que chaque jour de notre vie soit rempli de plaisir, de joie, de rires et de passion.

Pour D.H. Lawrence, l'éducation doit se réduire à l'apprentissage de l'écriture et de la lecture sans instruction moralisante : « Si seulement l'on se contentait d'enseigner à l'enfant la lecture, l'écriture, un peu de calcul, exactement comme, un peu plus tôt, sa mère lui a appris à marcher et à parler, pour qu'il puisse poursuivre son petit bonhomme de chemin par lui-même dans le monde. Tout irait mieux alors. Mille fois mieux même, si l'on consentait enfin à se débarrasser de tous ces cours de dessin, de peinture, de musique, de modelage, de pseudoscience, d'histoire "vivante", de géographie "pittoresque", "d'auto-expression", bref, tout ce fatras. Allez, jetez-moi tout ça à la poubelle, et enseignez à l'enfant à lire, à écrire et à compter, puis ajoutez quelque formation technique, en vue du travail qui l'attend. Pour le reste, pour tout ce qui concerne l'enfant lui-même, laissez-le tranquille[1] ! »

Aujourd'hui, dans les écoles, on met beaucoup l'accent sur l'instruction morale dès le plus jeune âge. On donne à l'enfant des objectifs moraux, ce qui est bien aride. Dans un bulletin de Delilah, qui a six ans, voici quelques-unes des compétences à valider :

« – Comprendre qu'il faut accepter des valeurs et codes de conduite communs dans des groupes, composés d'adultes et d'enfants, afin de travailler ensemble harmonieusement.

– Comprendre que les gens ont des aspirations, des croyances, des cultures et des points de vue différents, qui doivent être traités avec respect.

– Comprendre qu'il/elle a le droit de s'attendre à ce que les autres le ou la traitent en respectant ses aspirations, croyances, cultures et points de vue. »

Voilà juste trois des cent vingt objectifs à valider – le premier et le deuxième ne sont-ils pas contradictoires ?

Bon, je ne poursuivrai pas, mais tout de même. Quelles balivernes. « Joshua, je respecte vraiment ton point de vue en ce qui concerne ce jouet que tu viens de m'arracher des mains, et je reconnais que tu as un point de vue différent du mien sur sa propriété présente. Mais je crois que tu dois respecter ma croyance que ce jouet doit me revenir. » J'ai remarqué que les enfants utilisent la morale des adultes pour parvenir à leurs fins : « Partage, partage ! » crient-ils lorsqu'ils essaient de prendre un jouet à un autre enfant.

Cette idée de « cultures et de croyances » est répétée maintes fois dans le bulletin. Je m'oppose également à ce

1. D. H. Lawrence, *op.cit.*, p. 25.

que mes enfants utilisent l'ordinateur à l'école : des enfants de six ans sont censés « identifier les usages de la technologie de la communication et de l'information ainsi que des jouets programmables comme support à leur apprentissage ». Et qu'en est-il si les parents ont une culture selon laquelle on doit jeter l'ordinateur et les jouets programmables par la fenêtre ?

On peut être d'accord ou non avec ces préceptes éthiques. Le point capital à souligner est que l'État se mêle de ce qui ne le regarde pas en essayant de modeler l'éthique d'une nation entière. L'État ! Qui lui-même est amoral et se construit sur les intérêts d'une oligarchie. De quel droit peut-il dire à nos enfants d'obéir ?

Bertrand Russell dit qu'une éducation étatique est un phénomène récent :

« L'intérêt porté par l'État à l'éducation est un phénomène récent. Il n'existait pas dans l'Antiquité, ni au Moyen Âge ; jusqu'à la Renaissance, seule l'Église appréciait l'éducation. Avec la Renaissance, un intérêt naquit pour l'instruction supérieure [...] La Réforme, en Angleterre et en Allemagne, créa chez l'État le désir d'avoir quelque contrôle sur les universités et lycées pour empêcher qu'elles demeurassent des nids de "papisme"[1]. »

Nous devons résister au contrôle étatique. Prenons le sinistre terme « approprié » que nous entendons souvent. Il signifie « d'une façon que nous approuvons ». Comme Bertrand Russell l'a montré au sujet du célèbre directeur d'école, le Dr Arnold, le « mal moral » avait le sens qu'il voulait bien lui donner quand il voulait changer le comportement de

1. Bertrand Russell, *Essais Sceptiques*, traduit de l'anglais par André Bernard, Les Belles Lettres, 2013, p.194.

ses élèves. Pour moi, la morale ne devrait pas être contrôlée par l'État.

Les journées d'école sont trop longues. Lawrence recommande trois heures par jour de travail intellectuel et une heure pour l'éducation physique et ménagère. Soit l'idéal pour la journée du parent oisif : trois ou quatre heures et c'est bon. On peut aller s'allonger au soleil pour lire (vous) et jouer à proximité (eux). Vous et eux devriez passer du temps à apprendre la plomberie, la menuiserie, le jardinage, la peinture, des talents qui rendront vos enfants confiants, débrouillards et indépendants.

Alors que l'école intéresse superficiellement le parent oisif comme étant un service gratuit de garde d'enfant, qui lui assure la paix durant la journée, ce dernier assumera paradoxalement bien des responsabilités dans l'éducation de son enfant.

Quelles sont les alternatives ? Certains d'entre vous iront jusqu'au bout et feront l'école à la maison. L'organisation Education Otherwise existe pour aider les parents qui veulent suivre ce chemin et certains témoignages de parents valent la peine d'être lus : « Avoir des enfants qui aiment apprendre et sont toujours occupés à faire, fabriquer ou découvrir a facilité l'éducation autonome. Un jour ensoleillé, de nombreuses expériences pédagogiques se déroulent en quelques heures. L'un fabrique un panneau avec du bois, des clous et de la peinture pour avertir les autres qu'un sentier est glissant. D'autres courent en tous sens pour identifier une fleur, un papillon ou une plante, un autre encore cueille des fruits et les partage de façon équitable pour le dîner, un autre enfin prépare des toasts au fromage. On fabrique des cabanes, on joue au loup ou aux jeux de rôles ; on grimpe aux arbres, on construit des barrages, on observe les oiseaux, on fait des pochoirs avec des feuilles, on fait des jeux d'eau et ainsi de suite. À l'intérieur, des papiers, des stylos, de la colle, des briquettes à assembler, des peluches, des cubes, des rails. On me présente souvent la carte d'une île comportant des indices pour une chasse au trésor (pour trouver une pomme!) ou bien un poème ou un programme radio qu'un enfant a retranscrit et souhaite partager [...] Mon rôle comme "professeur" semble se résumer à celui d'écouter ce qu'ils ont appris, plutôt que d'avoir à leur "enseigner" quoi que ce soit. À part leur apprendre à lire et quelques autres fondamentaux, la plus grande partie de ce qu'ils savent vient de leurs lectures, de leurs discussions et des découvertes faites par eux-mêmes [1]. »

La première objection à l'école à domicile – faite par ceux qui n'ont pas réfléchi à la question est : « L'école à domicile ne permet pas d'avoir une vie sociale. » Les éducateurs à domicile répliquent en disant que la vie sociale à l'école n'est pas forcément très saine. « La vie sociale de la plupart des écoles et des classes est mesquine, obsédée par le statut social, compétitive et snob. » Les parents peuvent facilement organiser une vie sociale pour les enfants : les amis viennent jouer, des groupes d'apprentissage se forment avec d'autres éducateurs dans le secteur, on peut pratiquer un sport ou jouer une pièce de théâtre. Les rapports extra-scolaires sont basés sur le respect mutuel et sont l'objet d'un choix libre et non contraint.

L'école à la maison peut sembler un projet impressionnant. L'expérience que j'ai eue avec Victoria pour essayer de scolariser Arthur à domicile n'a pas été couronnée de succès. Il semble plus heureux à l'école. Peut-être avons-nous de la

1. Notre traduction.

chance avec notre école locale. Nos enfants sont scolarisés dans une petite école primaire rurale avec seulement une quarantaine d'enfants de cinq à onze ans. Nous aimons cette école, mais nous faisons attention à lire abondamment avec nos enfants et à discuter avec eux. J'y enseigne l'ukulélé et Victoria a donné un coup de main au groupe de théâtre. Il est plus facile de s'investir dans les écoles primaires, elles apprécient un apport extérieur, ce qui les change des parents râleurs.

Une alternative est l'école dite flexible. L'école comme une ressource et non un lieu de confinement. Votre enfant peut y aller deux ou trois jours par semaine mais il passe le reste du temps à la maison. Tout comme l'école à la maison, c'est parfaitement légal en Angleterre. Il suffit de l'organiser avec l'école. Les intéressés font état d'un grand succès et de relations saines avec leur école.

L'attitude des parents est sans doute le facteur le plus important. Si vous respectez votre enfant, si vous n'essayez pas de le façonner avec un idéal, tout est possible. Oublions les listes de règles à appliquer afin de rendre votre enfant heureux.

En réalité, leur bonheur n'est pas notre objectif, mais leur force, leur liberté et leur joie – ainsi que la nôtre. Nous visons la satisfaction. Être conscient des limites éducatives de l'école peut être libérateur pour les enfants.

Nous devrions abandonner la quête de la perfection et même le besoin d'exercer une autorité. Neill avertit : « L'adulte a tendu vers la perfection dans sa propre vie, il a échoué misérablement et maintenant il essaie de la trouver dans ses enfants[1]. »

1. Alexander S. Neill, *Libres enfants de Summerhill*, traduit de l'anglais par Micheline Laguilhomie, Paris, La Découverte, 2004.

Le danger concerne tout aussi bien les parents supposément éclairés que les parents plus traditionnels. Et l'on en vient à un autre problème en ce qui concerne Locke et Rousseau. Même si leurs idées sur la liberté et la nature sont appréciables, ils peuvent donner aux parents l'impression d'être embarqués dans une mission impossible car comme ils sont imparfaits, ils ne réussiront pas à donner une éducation parfaite. L'idéalisme peut être une sorte de tyrannie : Victoria m'a souvent accusé d'être un tyran et un persécuteur. Par exemple lorsque j'ai débranché la télévision au beau milieu d'un programme. On ne peut imposer la liberté de façon autoritaire. L'autre jour, Delilah et moi-même étions en train de danser dans la cuisine sur la musique d'un CD. Arthur est alors entré et a débranché la prise.

« Qu'est-ceque tu fiches ? » demandai-je. « Pourquoi gâches-tu notre moment ?

– Eh bien toi, tu as gâché le nôtre quand tu as débranché le téléviseur…

– Euh… ce n'est pas pareil ! », bafouillai-je.

L'idéaliste peut devenir un tyran. Mieux vaut montrer l'exemple. Vivez votre vie et laissez les autres mener la leur.

Blake avertit contre les excès des « il ne faut pas » dans son poème :

« Je suis allé au jardin de l'amour
Et j'y ai vu ce que je n'avais jamais vu :
Une chapelle était construite au milieu,
Là où je jouais autrefois sur l'herbe.

Les portes de la chapelle étaient fermées
Et "tu ne dois pas" était écrit sur la porte.
Alors, je me tournai vers le jardin de l'amour
D'où naissaient tant de jolies fleurs.

Et je vis qu'il était envahi de sépultures
Et de tombeaux là où il devrait y avoir des fleurs.
Et que des prêtres en soutane noire y faisaient leur ronde,
Enchaînant avec des ronces mes joies et mes désirs [1]. »

Envoyez vos enfants à l'école avec des blagues à raconter. Ou un tour de magie à réaliser.

Quel genre d'école pourra attirer le parent oisif? Ne rejetez pas d'emblée l'idée d'un internat, si vous en avez les moyens. En Angleterre, nous avons par exemple la Summerhill School fondée par A. S. Neill. Il s'agit d'un internat qui pratique l'autogouvernement. Les enfants sont impliqués dans la gestion de l'école. Ils votent des lois et ils vont aux cours qu'ils ont choisis. On gagne beaucoup de temps, argumente Neill, car lorsque les enfants ont fait le choix d'apprendre, ils apprennent beaucoup plus vite que lorsque cela leur est imposé par une autorité extérieure. À Summerhill, il arrive que des élèves n'étudient presque pas pendant trois ans et se réveillent pour travailler dur quand il faut passer l'examen final des études secondaires.

L'État ne gère pas l'éducation privée, fort heureusement. Tous ceux qui sont là l'ont choisi. Cela donne à l'école un sentiment d'autonomie et d'indépendance. De nombreuses écoles privées sont étonnamment beaucoup plus proches de l'idéal anarchiste que les écoles publiques. Un ancien professeur d'Eton a ainsi écrit un article élogieux sur le système et l'état d'esprit à Eton… dans le magazine anarchiste *Total Liberty*:

1. William Blake, « Le Jardin de l'amour », in *Œuvres*, t.2, présentation et traduction de Pierre Leyris, éd. bilingue, Paris, Éditions Aubier/Flammarion, 1977.

« Si la scolarité signifie une institution régentée, hiérarchique, disciplinée, cloisonnée pour les jeunes, alors l'éducation signifie à l'inverse l'ouverture, la liberté et la coopération [...]. L'éducation rend possible des environnements où les gens pourront développer leurs propres centres d'intérêts, apprendre à devenir autonomes, avoir l'espace et l'occasion d'interagir en groupes, sans hiérarchie. Dans des écoles comme Eton, il existe une culture active vécue par les étudiants qui semble se rapprocher de ce paradigme [1]. »

Le distingué professeur continue en disant qu'ainsi l'élite reçoit une éducation libératrice alors que le reste d'entre nous sommes prisonniers des idéologies gouvernementales avec des listes d'objectifs à atteindre. Il poursuit en décrivant le grand nombre de clubs gérés par des jeunes à Eton, comme la Orwell Society :

« Ces jeunes hommes s'étaient lancés dans une campagne pacifiste contre la guerre en Irak et avaient organisé un incalculable nombre d'évènements pour soutenir l'opposition à la guerre. Ils avaient participé à toutes les manifestations à Londres, distribué des tracts dans les villes et mené campagne dans l'école d'Eton. Le gouvernement avait sanctionné les absences des élèves du public s'engageant dans les activités pacifistes. Les membres de la Orwell Society avaient parlé au directeur d'Eton et l'avaient convaincu que leur engagement était nécessaire et juste. Ils avaient été entendus [2]. »

J'ai pu noter que les jeunes sortis d'Eton présentaient un degré enviable d'assurance quels que soient leurs choix ultérieurs. Le parent oisif veut des enfants solides, résilients, vifs,

1. Notre traduction.
2. Notre traduction.

courageux. Rappelons qu'Eton a donné George Orwell et Aldous Huxley, les deux grands prophètes du xxe siècle.

L'auteur de l'article mentionne aussi les courtes heures de cours à Eton : « Les étudiants à Eton sont toujours horrifiés d'apprendre que la journée scolaire pour la plupart des élèves au Royaume-Uni est de 8 h 45 à 15 h 30, sans interruption. » Ce qui semble démontrer le paradoxe énoncé au début de ce chapitre : moins signifie plus. À mon école privée à Westminster, les trimestres comptaient deux semaines de moins que ceux du public, mais les résultats aux examens étaient meilleurs. Nous jouissions d'une grande liberté grâce aux enseignants et… à notre propre comportement. Nous nous respections mutuellement.

Nous avions d'excellents professeurs. Un de mes professeurs d'anglais, Richard Jacobs, pouvait consacrer une leçon entière à disserter sur le vin rouge – et il organisait des dégustations à son domicile. Une autre fois, il nous a emmenés admirer les tableaux de Rothko à la Tate Gallery pendant une demi-journée. Une autre fois, il nous a donné un cours improvisé au lieu d'étudier avec nous la scène « trop pénible » où Othello jette de l'argent à Desdémone. C'était un des cours les plus brillants auquel j'ai jamais assisté. Il n'avait pas de problème de discipline et n'avait pas besoin d'être autoritaire. Un jour, il arriva en cours en se lamentant : « J'ai vingt-cinq ans aujourd'hui. Keats est mort à vingt-cinq ans ! » Il faisait des cours sur Roland Barthes et les poststructuralistes et nous fit découvrir des poètes comme Geoffrey Hill (1932-2016). Il faisait également des cours sur le peintre Piero della Francesca et son *Annonciation*. Rien de cela ne faisait partie du programme. Et pourtant, je m'en souviens très bien. Il donnait au savoir plaisir et intensité.

Oui, je sais. J'entends déjà les plaintes du politiquement correct rappelant que tout le monde ne peut pas se payer des études dans le privé. J'essaie simplement de suggérer que d'autres voies sont possibles. Tous à Westminster n'étaient pas de riches aristocrates quand j'y étais élève.

Réfléchissez bien à vos priorités. Eve Libertine du Crass voulait envoyer son fils Nemo à Summerhill. Mais elle n'avait pas d'argent. Alors elle se mit à vivre de façon frugale, dans une maison en colocation, et tint un étal au marché les week-ends. Elle a ainsi pu payer l'école de son fils. Aujourd'hui, les gens dépensent leur argent dans les voitures, le remboursement de leur prêt et leurs smartphones, mais ne déboursent rien pour l'éducation de leurs enfants. La plupart des familles pourraient économiser dix mille livres par an en renonçant à ce genre de luxe. La plupart des gens riches que vous connaissez ne le sont pas. Ils sont endettés.

Il est étonnant de voir que des gens ayant certains moyens et ne regardant pas à la dépense en bien des matières deviennent socialistes quand il s'agit de l'éducation de leur enfant. Ils dînent au restaurant deux fois par semaine, prennent le taxi, achètent des maisons avec un lourd emprunt mais râlent après l'injustice des écoles privées. L'attitude anarchiste est de choisir ce que l'on veut, que cela soit une école privée, publique, ou à la maison.

Une autre solution est de faire évoluer votre école locale vers un modèle comme Eton. Encouragez vos enfants à fonder un club. Faites-les sortir de l'école une semaine plus tôt ou partez avec eux un vendredi pour aller camper. Nous prenons souvent avec nous les enfants le lundi ou le vendredi.

J'aimerais voir le système actuel s'effondrer pour être remplacé par une école libre pour tous, où les enseignants peuvent proposer leurs services, où les écoles peuvent avoir trois comme mille élèves, où les parents pourraient s'organiser pour louer les services d'un tuteur.

Notre école primaire est de bon niveau, car les enseignants font bien leur métier en dépit de l'État et de ses panoplies absurdes de compétences à valider, qui n'ont rien à voir avec le véritable but de l'éducation. L'instruction étatique signifie une médiocre instruction pour chacun, contrôlée par l'État. Comme ceux qui nous gouvernent changent constamment, les enseignants doivent gérer des approches et des idéologies nouvelles tous les deux ans. Le problème n'est pas tant de savoir si nous sommes d'accord ou non avec cette idéologie, mais de savoir que les idéologies sont par nature totalitaires.

Une autre solution peu explorée peut être une sorte d'école communautaire. Des familles se mettent ensemble et payent un ou deux enseignants, ce qui reviendrait moins cher qu'une école privée. Quatre heures de travail chaque matin et des activités à l'extérieur l'après-midi. Mon trimestre idéal ne ferait que onze semaines. Chaque groupe serait différent, adapté aux enfants et aux parents. Une objection majeure contre l'école publique est son uniformité imposée à des gens très différents. Cette oppression de la subjectivité conduit même à des massacres comme celui de Columbine par exemple. Que cela nous serve de leçon.

Cette école communautaire emploierait un jeune professeur frais émoulu de l'université. Imaginez que vous êtes le poète Wordsworth, sa sœur Dorothy et son ami Robert Southey au Lake District avec le jeune Quincey leur enseignant la littérature anglaise dans leur petite école autogérée. À l'époque de Locke et de Rousseau, chaque élève des classes moyennes avait un tuteur. Pour Locke, il est préférable de renoncer à des luxes superflus et de dépenser son argent dans l'instruction: «Épargnez tant que vous voudrez pour les bagatelles et les jouets, pour les étoffes de soie et les rubans, pour les dentelles et les autres dépenses inutiles, mais n'économisez pas votre argent quand il s'agit d'une affaire aussi importante. C'est un très mauvais calcul de faire votre fils riche d'argent et pauvre d'esprit [1]. »

Locke consacre quelques pages à la question du choix du tuteur. Imaginons que vous ayez trouvé le vôtre. Vous allez donner un coup de main comme les autres parents à votre petite école. Vous avez trois trimestres de onze semaines, séparés chacun par une semaine de vacances. Ce qui fait cent cinquante jours d'école par an. Si le tuteur intervient quatre heures par jour, alors vous devrez le rémunérer pour six cents heures de travail. Rémunérez-le correctement à vingt livres l'heure. Ce qui fait douze mille livres par an. À répartir, disons, entre quatre familles avec deux enfants ce qui fait mille cinq cents livres par an et par enfant. Quand on sait que certaines familles dépensent presque dix mille livres par an en frais de garde d'enfant, le coût des écoles privées semble faible et vous aurez votre propre école avec l'enseignant que vous avez choisi.

Vos enfants apprendraient plus vite et auraient davantage de temps pour s'amuser, pour jardiner et pour le travail physique, plus de temps pour apprendre des savoir-faire artisanaux, pour cuisiner. Les parents qui ont franchi ce pas ont constaté que, lorsqu'il a lieu en petits groupes, et qu'il est choisi par les enfants, l'apprentissage progresse plus rapidement.

Libérer son esprit est essentiel, et l'on découvrira de nombreuses alternatives à l'éducation scolaire à temps plein. Le chercheur de liberté doit se poser la question : la plupart des

1. John Locke, *Quelques Pensées sur l'éducation*, traduit de l'anglais par Compayré, Paris, Vrin, 2007, § 90.

écoles secondaires délivrent-elles vraiment une éducation digne de ce nom ou soumettent-elles leurs élèves jusqu'à l'ennui, les préparant à une vie avec un métier sans autonomie et des soucis d'argent ? Nous, les oisifs, nous voulons nous libérer de tout cela. La gauche dira que l'éducation étatique est de qualité et que des gens issus des classes populaires sont heureux d'y avoir fait leur scolarité. Mais ces gens-là ne se seraient-ils pas débrouillés par eux-mêmes de toute façon ? Or nombreux sont les gens qui ont fréquenté de telles écoles et qui en sont sortis asservis.

On devrait encourager chaque enfant à choisir son chemin dans la vie. Quand nous examinons les exemples de nos plus brillants penseurs, il est étonnant de voir combien d'entre eux ne sont pas allés à l'école mais ont été autodidactes ou ont bénéficié d'un tuteur : Bertrand Russell, Aldous Huxley (il a quitté Eton à seize ans lorsque sa vue a décliné), William Blake, William Cobbett et John Stuart Mill. Au temps des Tudors, au XVIe siècle, les écoles s'organisaient autour d'un professeur et pouvaient durer quelques années, il s'agissait d'un système flexible. Nous devons créer nos propres écoles pour reprendre la main sur l'éducation des enfants. Cela signifie changer les écoles qui existent ou en fonder de nouvelles. Nous n'avons pas besoin d'attendre une autorisation de quiconque. Nous sommes libres de faire ce que nous voulons.

7
Le mythe des jouets

« Des grelots d'argent, d'or, de corail, de cristaux à facettes, des hochets de tout prix et de toute espèce ; que d'apprêts inutiles et pernicieux ! Rien de tout cela. »

Jean-Jacques Rousseau [1]

Je déteste les jouets. Ils représentent trop de travail ! Dans l'utopie du parent oisif, il faudrait bannir tous les jouets. Pas de Polly Pockets, ni de Hippos Gloutons, de Docteur Maboul, de Lego, de Mega Bloks, de Fuzzy Felts [2], de puzzles Bob le bricoleur, de Tweenies [3] ou de Fimbles [4], d'Attrap' Souris (surtout pas la dernière version). En d'autres termes, pas de minuscules pièces en plastique éparpillées aux quatre

1. Jean-Jacques Rousseau, *Émile ou de l'éducation*, in *Œuvres complètes*, Tome IV, Paris, Gallimard, La Pléiade, 1969, Livre I.

2. Fuzzy Felts est un jeu composé de figurines en feutre. NDT.

3. Les Tweenies sont des personnages tirés d'une série britannique pour enfants du même nom. NDT.

4. *Idem.*

coins du salon, que vous devrez ramasser à la fin de la journée parce que vos joyeux enfants se moquent bien du désordre. Ces petites pièces en plastique qui vous transpercent les pieds lorsque vous titubez dans la maison avec une gueule de bois, qui vous font trébucher dans les escaliers, qui vous empêchent de vous asseoir tranquillement. Un beau jour, les enfants étaient à l'école et leur mère était également absente. Tout joyeux, j'ai rempli trois sacs-poubelles de vieux jouets et je les ai mis au rebut. Étonnamment, personne ne l'a jamais remarqué. Les enfants n'ont jamais réclamé un seul jouet. Cela montre que nous sommes peut-être plus matérialistes que nos enfants. Ils désirent tel ou tel jouet, mais leur désir est temporaire. Ils préfèrent voir un souhait exaucé que de posséder un objet. Les parents sont conscients du travail et de la sueur exigés par l'achat d'un jouet. Les jouets, c'est de l'argent, du travail, du bazar. Les jouets consolent l'enfant de la terrible tragédie d'être né dans un monde torturé par le travail destiné à vaincre l'ennui en se payant des loisirs coûteux.

Mon cœur s'est réjoui le jour où mon amie Murphy m'a dit qu'elle avait parcouru les allées d'un magasin pour trouver des cadeaux de Noël pour sa fille. Elle avait l'intention d'acheter un jeu de Lego, mais elle se ravisa, parce qu'elle s'était imaginée à quatre pattes en train de ranger des centaines de pièces. Une très sage décision !

Le plastique vieillit terriblement mal. Pourquoi le jouet d'occasion en plastique revendu sur une brocante offre-t-il un si triste spectacle ? Ce bout de produit pétrolier poussiéreux et usé exprime l'échec du rêve du plastique, l'abandon du plaisir et de la beauté au profit de la quantité bon marché, et peut-être de quelques moments de tranquillité. Un gaspillage criminel.

Alors jetez-les. Mieux, ne les achetez pas. Pas de plastique ! C'est difficile, mais pas impossible. Tout est fait en plastique. Les jouets en plastique ont l'air si peu onéreux, si attirants, si colorés sur les rayons des supermarchés. « Des heures d'amusement », telle est leur promesse. Un jouet si bien conçu, si ingénieux, ayant nécessité tant d'investissement en recherche & développement, si captivant et réjouissant qu'il jouera à votre place le rôle de nounou. Mais la plupart de ces jouets exigent des parents un apport financier important. Comme de nombreux autres produits du complexe militaro-industriel, ils nous promettent de s'occuper des enfants à notre place, mais ils engendrent en réalité davantage de travail, en raison de l'argent nécessaire pour les acheter et du temps exigé pour les ranger.

Les enfants ont-ils vraiment besoin de tous ces jouets ? Dans *Le Livre de la Jungle*, Mowgli s'amuse avec des galets. Les meilleurs jeux sont ceux où les enfants jouent et rient en groupe… sans jouets. Les jeunes enfants ne sont pas encore corrompus par la publicité et la culture de consommation ; ils sont tout heureux avec une cuillère en bois et une casserole. Ils s'amusent davantage avec un carton qu'avec une pile de jouets toxiques diffusant des musiques de comptines – peut-être parce que la personne gardant l'enfant est trop occupée pour les chanter elle-même. Une simple boîte en carton permet à l'imagination de l'enfant de se déployer. Hier, nos enfants ont transformé un carton en fusée pour leurs peluches. Et un grand carton peut servir de parc pour bébé tout à fait convenable : avant qu'Arthur ne marche, nous le mettions dans un tel parc en carton et nous lui donnions une cuillère en bois. Ce qui nous permettait de vaquer à la cuisine. Voici un bon truc : n'achetez pas tous ces dispositifs pour bébés. Rien. Nous avons gaspillé des centaines de livres sterling dans des appareils absurdes, comme le youpala. Les enfants apprennent à marcher tout seuls.

Si on les laisse tranquilles, les enfants trouveront et fabriqueront leurs propres jouets. Et développeront ainsi leur créativité plutôt que de se divertir avec des gadgets coûteux conçus par des firmes à la recherche de profits. Vous aussi, les parents, vous pouvez réaliser des jouets. Si, si, vous le pouvez. Voilà un beau rôle pour le père de famille. Achetez une scie et un burin. Découpez des bouts de carton, ce matériau fantastique, pour fabriquer un avion. Prenez du scotch. Arthur vient de réaliser sa propre catapulte avec du carton, du scotch et un élastique, et l'a baptisée Fronde 3000. Faites des marionnettes avec des chaussettes et des boutons. Des masques de monstres avec des sacs en papier. C'est fou tout ce que l'on peut faire avec peu ou pas de compétence en ce domaine. Habituez-les à réaliser des objets de leurs propres mains dès le plus jeune âge. Nos jouets faits maison, contrairement aux jouets en plastique, peuvent être réparés, améliorés, repeints, défaits et reconstruits. Et brûlés si besoin.

Rousseau était contre les jouets, même si à son époque ils n'étaient pas en plastique :

« Points de grelots, de hochets ; de petites branches d'arbres avec leurs fruits et leurs feuilles, une tête de pavot dans laquelle on entend sonner les graines, un bâton de réglisse qu'il peut sucer et mâcher l'amuseront autant que ces magnifiques colifichets et n'auront pas l'inconvénient de l'accoutumer au luxe dès sa naissance [1]. »

1. Jean-Jacques Rousseau, *Émile ou de l'éducation*, in *Œuvres complètes*, Tome IV, Paris, Gallimard, La Pléiade, 1969, Livre I.

Le message est clair : ne perdez pas votre temps et ne gaspillez pas votre argent dans des jouets alors que vous pouvez simplement détacher la branche d'un arbre pour la donner à l'enfant. Il se servira de son imagination pour jouer avec, pour tuer des monstres, pour faire semblant de la manger ou la transformer en cochon. Ce choix est écologique, sans aucun doute : pas de bout de plastique mauvais pour la planète, juste un bout de nature, gratuit, facile, et très écolo. Oui, l'éducation oisive sauvera la planète.

Les jouets sont synonymes de marchandisation. Ils font partie de la société de consommation. Toute personne sensée la rejette car elle exige trop d'efforts. Le parent oisif n'a pas envie de se fatiguer. Ne pas acheter et ne pas travailler, en d'autres termes, faire soi-même et bien vivre, est en réalité plus facile et moins onéreux. Mais oui, faites-le vous-mêmes. Un cheval réalisé avec un bout de tissu fixé au bout d'un bâton amusera l'enfant des heures durant.

Il ne s'agit pas de rejeter le jeu. Une vie d'enfant est, ou devrait être, faite de jeu. Les enfants peuvent même apprendre aux adultes comment jouer. C'est merveilleux de les voir jouer. Le philosophe élisabéthain John Dee a rédigé les charmantes lignes suivantes dans son journal : « Arthur Dee et May Herbert, la plus âgée n'ayant que trois ans, ont fait semblant de se marier, s'appelant mutuellement mari et femme. »

Les jeux ne nécessitent pas de jouets. L'argent n'est pas synonyme d'amusement. Neill rapporte une anecdote au sujet de sa fille Zoé :

« Un jour Zoé reçut d'un ancien élève une superbe poupée qui marchait et parlait. C'était de toute évidence un jouet fort cher. À peu près à la même date, un nouvel élève lui donna un petit lapin bon marché. Elle ne joua avec la poupée qu'une demi-heure, mais elle joua avec le petit lapin pendant des semaines[1]. »

Neill pense également que nous dépensons trop d'argent pour acheter des jouets. Nous sommes trompés par les marchands de jouets qui nous encouragent à acheter comme si cela exprimait notre amour pour nos enfants.

« Chaque chambre d'enfant est pleine de jouets cassés et négligés. Les enfants de la classe moyenne reçoivent bien trop de jouets. En réalité, les jouets qui coûtent davantage que quelques pence sont du gâchis [...] Tous les parents ont tendance à acheter trop de jouets. Le bébé n'a qu'à tendre la main vers quelque gadget – un tracteur, une girafe qui fait coucou – et les parents l'achètent. Ainsi, la plupart des chambres d'enfants sont pleines de jouets pour lesquels l'enfant ne manifeste pas de réel intérêt[2]. »

Les télévisions et les ordinateurs sont en partie à blâmer. Lorsqu'Arthur regardait la télévision, il revenait à la cuisine après avoir été séduit par une publicité pour quelque gadget et demandait s'il pouvait l'avoir. « Cela coûte seulement 19,99 livres sterling ! » Certains disent que les chaînes de télévision pour enfants devraient être sans publicité. Parce que les enfants sont des proies trop faciles. Je leur souhaite bonne chance. Pendant qu'ils mènent cette bataille, nous, nous débranchons le téléviseur.

Les virées dans les magasins tournent au cauchemar. Le parent harassé perd son énergie à dire non tout le temps, ayant ainsi l'impression d'être mesquin et avare. La solution est d'éviter ce genre de tour en ville avec vos enfants. Je préfère donner des bonbons. Les enfants en raffolent autant

1. A.S. Neill, *Libres enfants de Summerhill*, traduit de l'anglais par Micheline Laguilhomie, Paris, La Découverte, 2004.

2. A.S. Neil, *The Free Child*, Jenkins, 1953. Notre traduction.

que les jouets et ils ont l'avantage de s'autodétruire rapidement. Ils ne laissent pas de trace, surtout si vous avez la chance d'avoir pas loin de chez vous un magasin qui les vend en vrac, comme cela les enfants peuvent remplir leur sachet selon leur propre goût.

Soyez avare. Locke pensait également qu'abondance de biens gâterait les enfants et les ferait désirer toujours davantage :

« J'ai connu un enfant à tel point affolé par le nombre et la variété de ses jouets qu'il forçait chaque jour sa bonne à les passer en revue. Il était si amoureux de cette abondance qu'il ne croyait jamais en avoir assez et qu'il ne cessait de répéter : "Et après ? Et après ? Que me donnera-t-on encore ?" [1] »

Nous voyons là les premières graines de la société de consommation semées dès 1693. Locke s'interroge : « Mais dira-t-on, quels jouets auront les enfants si on ne leur en achète pas ? » et il répond : « Qu'ils les fassent eux-mêmes [2]. » Locke était aussi anticonsumériste que tout bon écologiste actuel :

« De petits cailloux, une feuille de papier, le trousseau de clés de leur mère, enfin tout objet qu'ils peuvent manier sans se blesser, tout cela convient beaucoup mieux pour amuser les enfants que ces joujoux douteux et recherchés que l'on va acheter dans les boutiques et qui sont presque aussitôt dérangés et brisés [3]. »

Voilà qui est sensé. Pourquoi se fatiguer à payer fort cher des jouets qui finiront par se casser de toute façon ? Et pourquoi la famille veut-elle donc offrir des jouets onéreux ?

1. John Locke, *Quelques Pensées sur l'éducation*, traduit de l'anglais par Compayré, Paris, Vrin, 2007, § 130.
2. *Ibid.*
3. *Ibid.*

« Voilà un beau jouet, Arthur, tu en prendras soin, n'est-ce pas ? » Arthur opine gentiment, mais il se montrera aussi négligent que pour ses autres affaires, ce qui est ici une bonne chose car il manifeste ainsi un sain manque de respect pour les objets industriels et toute la panoplie des joujoux commerciaux.

Alors que Locke et Rousseau avaient la chance de ne pas avoir à gérer les horreurs en plastique, les problèmes de fond restent les mêmes. Jetez, n'achetez pas, restez simple, faites le vous-même. N'habituez pas les enfants à l'abondance. Surtout quand ils sont petits et encore épargnés par le monde commercial. Vous ferez des économies. Mon ami Den m'a confié qu'il se sentait mesquin car il n'avait dépensé « que » cent livres sterling pour le Noël de son fils de deux ans. Cent livres ?! Cela équivaut à ma fourniture mensuelle en bière. Était-il devenu fou ? Dix livres auraient suffi. Comme si l'enfant voyait la différence. Ce sera plus difficile de faire des économies quand ils seront plus grands. Exercez avec plaisir votre devoir révolutionnaire. Arrêtez d'acheter et un nouveau monde de plaisir et de créativité vous attend.

J'apprécie le circuit de train en bois. Construire un circuit peut amuser petits et grands. Ce circuit en bois à faible coût n'offensera pas le sens esthétique des parents, contrairement au circuit en plastique. Vous pourrez acheter davantage de trains et de rails. Nous avons commencé un petit circuit avec Arthur et aujourd'hui Henry joue avec un système très élaboré. Je vous donne un truc : évitez les locomotives à piles. Elles se vident tout le temps. Et il faut racheter des piles. Et les insérer avec un minuscule tournevis, pas toujours facile à trouver. Je déteste les piles. Et il est moins désagréable de ranger des circuits en bois que des circuits en plastique.

Certes, il existe dans les magasins de très beaux jouets faits avec amour et talent. Gardez donc votre argent pour ces produits de bonne qualité.

Restons simples. Voici une liste de jouets médiévaux que les archéologues ont retrouvés, selon l'historien de l'enfance Colin Heywood. On pourrait s'en contenter : « Des hochets, des poupées, des toupies en bois actionnées avec une cravache ou à la main, des ustensiles de cuisine miniature et des services de dîner en céramique ou en matériaux plus grossiers, des bateaux en modèle réduit, des soldats de plomb, des petites figurines animales en argile [1]. »

Moins les enfants auront de jouets, mieux ce sera. Moins vous gâterez votre enfant, plus il développera une imagination fertile.

1. Colin Heywood, *A History of Childhood: Children and Childhood in the West from Medieval to Modern Times*, Cambridge, Polity Press, 2001.

8
Bannissez la télévision, soyez libre

« La projection optique domine le monde, mais elle n'est qu'une façon de voir, une façon qui nous coupe du monde. »

David Hockney [1]

Est-il possible de bannir la télévision sans bannir le téléviseur ? Dans ce chapitre, je souhaite montrer comment se débarrasser de l'influence néfaste de la télévision, sans pour autant interdire tout divertissement via un écran. Après tout, qui pourrait nier le génie de la série les *Simpson* ? Et qui voudrait formuler des interdictions générales ? Les puritains d'hier et les gouvernements d'aujourd'hui. Mais le parent oisif doit reconnaître que la télévision peut apporter un utile moment de tranquillité pour boire sa tasse de thé, dormir ou déambuler dans le jardin.

1. David Hockney, *Savoirs secrets. Les techniques perdues des maîtres anciens*, traduit de l'anglais par Pierre Saint-Jean, Paris, Seuil, 2001.

Mais disons-le franchement, la télévision est vraiment néfaste. Elle est inutile et invalidante. Tout d'abord, elle exige des dépenses absurdes, plus de deux mille livres pour un écran géant. Il faut ajouter l'abonnement annuel à des chaînes privées, soit entre deux cents et deux mille cinq cents livres par an en sus de la redevance. Si l'on prend le revenu moyen de deux mille livres par mois, cela représente deux mois de travail. Deux mois ! L'équivalent de deux mois de vacances ! Il n'est pas étonnant que la télévision diffuse des publicités pour les firmes chargées du recouvrement des dettes. Comme la télévision a créé une nation lourdement endettée, elle essaie de résoudre le problème qu'elle a créé. Ou comme le dit Homer Simpson : « La réponse aux problèmes de la vie n'est pas au fond de la bouteille mais à la télévision ! » La télévision pousse à la dépense par des publicités permanentes. Elle crée activement toute une série de besoins. Les partisans du libre-échange disent que personne n'oblige les gens à aller dans les supermarchés, le pistolet sur la tempe. Certes. Mais ils lavent le cerveau de millions de gens en leur balançant une publicité au milieu d'une série télévisée. Avec les techniques marketing les plus sophistiquées jamais imaginées par l'humanité. Les départements marketing des entreprises mobilisent les cerveaux les plus brillants du pays. Pas étonnant que nous aimions les supermarchés. Le boucher, le boulanger, le fabricant de bougies ne font pas le poids, ils ne passent pas à la télé.

Bannir la télévision vous enrichira du jour au lendemain et vous débarrassera d'une panoplie de tentations. L'argent économisé vous permettra de moins travailler et de disposer de plus de temps pour traîner, lambiner et admirer le plafond. Les publicitaires imposent aux parents un « vice émotionnel », comme le dit Victoria. Vous voulez que vos enfants s'entendent avec les autres enfants ? Vous leur achetez donc les mêmes saletés. Mes parents ont eu de la chance car, quand j'étais adolescent, les habits achetés dans les braderies étaient à la mode. Les saletés coûtent de l'argent qu'il faut gagner. Et puisque vous êtes fatigué d'avoir trop travaillé, vous vous effondrez le soir devant le téléviseur, épuisé et perméable aux suggestions. Vous le regardez trois heures par jour et vous vous plaignez qu'il n'y pas assez d'heures dans la journée. Vous auriez davantage de temps libre si vous arrêtiez de regarder la télévision. De plus, cela rend grognon.

Je ne fais pas d'exception pour les programmes dits éducatifs. De nombreux parents issus des classes moyennes pensent que ces programmes sont meilleurs que les séries télévisées. C'est faux. La télévision est un medium, les êtres humains sont des artistes.

Les chaînes pour enfants promeuvent l'éthique du travail capitaliste. Pensez au monde pressé de la série pour enfants *Le Monde irrésistible* de Richard Scarry, où tout le monde est encouragé à s'occuper et où il n'y a pas de fainéants. La série *Bob le bricoleur* est l'exemple le plus achevé du complot destiné à laver les cerveaux des enfants : « Pouvons-nous résoudre le problème ? Oui. » Voilà le slogan. Quand Arthur était petit, nous regardions beaucoup la télévision. Je me souviens avoir été assis dès 5 h 30 le matin en pyjama en train de regarder ces idioties et me disant : « Mais qu'est-ce que je fabrique ? » Je me souviens d'un épisode glaçant de Bob le bricoleur où le héros accordait aux machines une journée de repos. Mais elles revenaient travailler quand même ! Juste pour s'amuser ! Des machines si serviles qu'elles sont incapables de s'occuper hors du travail, mettant volontairement leur temps libre sous le contrôle de leur maître. Quel genre de message adresse-t-on ainsi à nos enfants ?

Regarder la télévision, c'est être passif. Au lieu d'inventer leurs propres jeux, les enfants se soumettent à la création de quelqu'un d'autre. David Hockney, dans son brillant essai sur l'utilisation des lentilles dans l'art de la Renaissance, montre que la télévision, comparée à une image immobile comme la peinture, est un tyran : « Le film et la vidéo nous imposent leur temps. En revanche, c'est nous qui apportons notre temps à la peinture[1]. » On ne peut pas contempler la télévision. Elle s'impose à nous.

Dans son livre *Il n'y a plus d'enfance*[2], l'essayiste américain Neil Postman (1931-2003) montre que regarder la télévision n'est pas une compétence. Vous ne deviendrez pas meilleur téléspectateur si vous la regardez plus souvent. C'est un medium négatif. Ainsi, les feuilletons montrent-ils un monde adulte pétri d'efforts, de souffrance, de misère et de colère. Vous me direz que la télévision est un moyen de raconter des histoires, une sorte de lanterne magique, quel mal y aurait-il à cela ? Mais les histoires à la télévision sont soit horribles, soit insipides. Après les mauvaises nouvelles fictives du feuilleton et les vraies nouvelles du 20 heures, les publicitaires arrivent avec leurs bonnes nouvelles. La vie est mauvaise, eh bien, achetez ceci, et tout ira mieux !

La télévision encourage la croyance aveugle dans le progrès technologique. Elle diffuse en permanence l'idéologie dominante de l'Occident : la technologie nous sauvera. Selon Postman : « Dans les paraboles de la publicité télévisée, la cause principale du mal est l'innocence technologique, c'est-à-dire l'ignorance des détails relatifs aux réalisations

1. David Hockney, *Savoirs secrets. Les techniques perdues des maîtres anciens*, traduit de l'anglais par Pierre Saint-Jean, Paris, Seuil, 2001.
2. Neil Postman, *Il n'y a plus d'enfance*, Paris, INSEP, 1996.

bienfaisantes du progrès industriel[1].» La technologie est devenue un nouveau dieu et la télévision et Internet sont les nouveaux moyens pour propager un nouvel évangile, comme l'était le monde des livres pour les puritains. Si vous ne croyez pas, éteignez. Le medium est le message, et le message est le suivant: supportez votre travail ennuyeux, dépensez votre salaire et endettez-vous pour acheter des saletés inutiles. Plus les adultes et les enfants sont tenus à l'écart de cette propagande, mieux c'est.

Ne devenons pas fanatiques pour autant: à la maison nous avons gardé le téléviseur pour regarder des DVD et des vidéos. Nous aimons les Simpson, mais aussi les grands films comme *De Grandes espérances* adapté du roman de Dickens et les *Révoltés du Bounty* avec Marlon Brandon dans le rôle du mutin, Fletcher Christian. Les vidéos se trouvent à vil prix dans les magasins de charité. Comme je l'ai souligné dans *L'Art d'être libre*[2], il est possible de très bien vivre avec peu d'argent: il suffit de revenir dix ans en arrière. Faites un retour de cinq cents ans en arrière et vous vivrez comme un roi!

Autre problème: les adultes ont envahi la cour de récréation. Tout comme la télévision pour enfants est créée par des comités d'adultes grassement stipendiés grâce aux publicités des grandes marques, les jeux d'enfants sont pris en main par les adultes comme les clubs de foot ou de baseball sur-organisés et onéreux selon Postman. Les Américains tiennent à ce que dès l'âge de six ans, les enfants jouent sous une étroite supervision et à un niveau de compétition intense. Le jeu des enfants selon Postman est devenu

1. *Ibid.*

2. Tom Hodgkinson, *L'Art d'être libre dans un monde absurde*, traduit de l'anglais par Corinne Smith, Paris, LLL, 2017.

une préoccupation d'adultes et s'est professionnalisé. Il ne constitue plus un monde à part de celui des adultes.

Rendez l'enfance aux enfants. Résistez au style de vie américain. Rebellez-vous ! Faites de la vie de famille un acte révolutionnaire. Tel est le message de l'excellent livre de Postman : « D'une manière précise, la résistance comporte l'idée qu'agir en tant que parents est un acte de révolte contre la culture américaine. [...] Mais ce qui marque un plus grand degré de révolte, c'est la tentative de vouloir contrôler l'accès des enfants aux médias. En fait, il existe deux moyens de le faire. Le premier consiste à limiter le temps où les enfants sont exposés aux médias. Le second consiste à orienter avec grand soin tout ce à quoi ils sont exposés, et à leur fournir une critique continue des thèmes et des valeurs concernant le contenu des médias [1]. »

C'est facile, il suffit par exemple de balancer votre téléviseur par la fenêtre. Nous nous sommes contentés de le débrancher et c'est déjà une grande libération : les enfants demandent rarement de le rebrancher, ils lisent et jouent à la place. Et bien sûr, il est toujours possible de regarder des films et des séries télévisées avec un DVD. Nous pouvons regarder les films de notre choix à l'heure de notre choix avec peu ou pas de publicités.

Internet vous offre beaucoup de possibilités. Arthur aime les clips des Beatles sur YouTube. Avec le haut débit, il n'y a plus d'excuse pour regarder des émissions télévisées, la télé c'est fini.

Le week-end dernier, les enfants n'avaient ni télévision ni ordinateur, tous deux en panne. Après deux jours, ils s'y sont habitués et au lieu de se précipiter devant l'écran, on

1. Neil Postman, *op. cit.*

les a retrouvés en train de dessiner sur la table de la cuisine, de fabriquer des objets ou de s'amuser avec des jeux de leur invention. La réduction du temps passé devant les écrans a maximisé leurs ressources intérieures. Ils profitent pleinement du temps présent car ils s'amusent bien. Mais c'est aussi bon pour leur avenir : ils pourront dire zut à leur employeur et mener à bien leur propre projet. La télévision rend les gens inaptes.

Économisez, améliorez votre vie et celle de vos enfants. Fini la télévision. Qu'ils passent moins de temps devant un écran. Mais ne soyons pas dogmatiques. *Tom et Jerry* et les *Simpson* en DVD : on fera une exception pour ceux-là.

9
Laissez-nous dormir

« Jadis, je pensais que la boisson et la sexualité m'apporteraient de la joie. Aujourd'hui, c'est la sieste. »
P. J. O'Rourke [1]

Le plus difficile pour un parent est d'avoir son sommeil perturbé. Ayant été habitué à des nuits de neuf ou dix heures avant d'avoir eu des enfants, la perte de sommeil a été pour moi difficile à vivre. Dans une culture où la famille est censée aimer travailler dur, le sommeil est dévalorisé. Ceux qui ont réussi se vantent de leur besoin réduit en sommeil. Ils préféreraient ingurgiter de grandes tasses de café ou prendre des comprimés énergisants à base de plantes ou d'autres substances plutôt que d'accepter l'appel de la nature en faisant une courte sieste et en dormant beaucoup la nuit. Songez un peu à ces longues siestes que vous vous accordez pendant

1. Notre traduction.

les vacances. Nous languissons après ces siestes, car c'est le paradis.

Et nous avons raison : le manque de sommeil est terrible. Quand notre aîné était petit, il me réveillait la nuit en me grimpant sur le dos. Nous avons essayé de lui imposer une routine comme le veut l'orthodoxie actuelle, mais nous avons échoué. Il revenait toujours dans notre lit. Nous aurions dû opter pour le co-dodo dès le début. On devrait porter les bébés le plus souvent possible, que ce soit maman, papa ou toute personne dans les environs. Les routines, des chambres séparées et des régimes stricts sont les ennemis du parent oisif. Je le sais, car nous l'avons testé. Notre exemplaire d'un guide renommé, plein de conseils visant à imposer au bébé un rythme de sommeil, est le livre aux pages les plus cornées et froissées de ma connaissance, tant il a été consulté par une mère anxieuse. Des habitudes strictes sont censées donner aux parents un peu de tranquillité et aider le bébé à mieux dormir, mais cette méthode ne nous a pas aidés. Ces habitudes semblaient faire du bébé un ennemi à contrôler, abandonner, confiner, ignorer et dont il fallait se séparer. Cela demandait tant de travail que Victoria n'a parlé que de cela durant une année entière. C'était exaspérant. Si j'avais un seul livre à conseiller sur les bébés, ce serait *Le Concept du Continuum. La recherche du bonheur perdu* de Jean Liedloff[1].

Des nuits passées à recevoir des coups de pieds dans les reins, à crier et à dire : « C'est ton tour ! » à l'autre parent engendrent une grave perte de sommeil, surtout si vous commettez la même erreur que moi, c'est-à-dire travailler dans un bureau toute la journée, loin de la maison. J'ai eu du mal

1. Jean Liedloff, *Le Concept du Continuum. La recherche du bonheur perdu*, traduit de l'anglais par Véronique Van den Abeele, Ambre éditions, 2006.

à rattraper les heures de sommeil perdues. Pas de sieste. Cela me rendait ronchon et même exaspéré. Le soir, nous buvions un coup pour avoir un peu de plaisir dans nos existences. Et la nuit, j'étais réveillé par la main étonnamment lourde d'Arthur sur mon visage.

Pendant huit ans, nous avons connu des problèmes de sommeil. À un point tel que chacun, le matin, se réveillait dans un lit différent de celui où il s'était endormi. Je me suis réveillé dans le lit des enfants, dans celui de la chambre des invités et sur le sofa. Pendant la nuit, divers enfants ont pu dormir dans mon lit. Un de mes amis me disait que sa famille de quatre personnes finissait la nuit dans une formation en carré, chacun allongé sur un côté du lit.

Il nous arrive encore aujourd'hui d'avoir des nuits perturbées. Mais cela va beaucoup mieux. Les deux enfants les plus âgés ont appris – grâce à l'oisiveté du parent restant au lit – à s'habiller tout seuls et à préparer leur petit déjeuner sans nous déranger. Le plus petit finit parfois dans notre lit. Mais c'est amusant ! Alors même si je ne suis pas du genre à donner des trucs, puisque ce livre traite d'un seul principe général à décliner dans votre vie à votre façon, j'ai pensé utile de donner quelques idées glanées au cours de notre longue et éprouvante expérience du sommeil de nos enfants.

Se coucher tôt

Pour le parent oisif, se coucher tôt peut sembler un peu rude. Lorsque les enfants se sont enfin endormis, suivant un rituel complexe de bains, de massages, d'histoires à lire, de comptines, d'assiettes de fruits coupés en morceaux et de gobelets d'eau, il est certainement temps pour le papa et pour la maman de se la couler douce. C'est l'heure à laquelle je bois le plus de bière possible. Après cela, l'envie d'aller me coucher s'évanouit. Pourquoi donc aimerais-je me coucher au moment où je commence à peine à m'amuser ? Mais nous avons constaté avec les années que la journée du lendemain était pénible à vivre si nous ne nous étions pas couchés à dix heures et demie, surtout avec un enfant de moins de deux ans dans la maison. Et nous nous serions disputés. Se coucher tôt n'est que temporaire et il est bon d'en être conscient. La vie devient plus facile quand le plus jeune passe l'âge de deux ans et demi environ. Une façon d'agrémenter un coucher de bonne heure est d'avoir un bon livre sur lequel s'endormir. Le poète Keats est imbattable en la matière, que ce soient ses lettres ou ses vers. Sa mélancolie est réjouissante. Et bien sûr, il aimait aussi beaucoup dormir. La bagatelle peut être une autre bonne raison de se coucher tôt, même si elle se concrétise rarement. Se coucher tôt peut devenir un plaisir plutôt qu'une pénitence. Peu importe que le plaisir soit trouvé dans le sexe, le cacao, le fait d'écrire des vers ou de feuilleter un catalogue de semences. Rendre sa journée agréable devrait être le but de tout parent oisif. L'amusement et la joie semblent avoir disparu au profit de l'argent et de la conversation sur les enfants : c'est la tragédie de la si sérieuse conception occidentale de l'éducation. Ne devenez pas l'esclave de vos enfants, vous leur en voudrez et ils vous en voudront en retour.

La grasse matinée

Je sais, c'est facile à dire. Mais pendant les dernières vacances estivales, nous sommes restés au lit plusieurs fois jusqu'à dix ou onze heures avec des enfants âgés de trois, six et huit ans. Parfois de façon concertée, ils sont venus nous réveiller en nous faisant des choses horribles comme sauter sur nos jambes, bouleversant tout et se chamaillant. Mais après les avoir sortis de la chambre *manu militari* plusieurs fois de suite, ils ont fini par s'occuper tout seuls. Ils sont tout à fait capables de verser le lait dans leurs céréales ; Arthur, comme je l'ai signalé fièrement plus haut, sait préparer le thé et le porridge [1]. Les enfants ont une débrouillardise innée que nous détruisons en les couvant trop. Ils deviennent indépendants, non en raison d'une bonne éducation mais simplement en raison de la paresse parentale. Dimanche dernier, Victoria et moi-même avons pu rester au lit jusqu'à dix heures et demie avec une gueule de bois. Quelle satisfaction ! Plus vous le faites, mieux c'est, car la capacité des enfants à utiliser leurs propres ressources va augmenter, avec comme résultat moins de supplications et moins de cet affreux « Mamaaaaaaan ». Ils peuvent jouer et le feront bel et bien. Rester au lit aussi longtemps que possible n'est plus l'acte d'un parent irresponsable. Au contraire : il est bon de prendre soin de vous, pour vous préserver du ressentiment. Cela peut apprendre aux enfants à se débrouiller. Votre progéniture sera dégourdie, joyeuse et forte. Le parent oisif a pour tâche de s'assurer que tous les membres de sa famille se réjouissent ici et maintenant. L'obsession de l'avenir des enfants est une construction capitaliste. Il est certes bon de songer à l'avenir, mais le meilleur moyen pour qu'un adulte soit heureux est de lui avoir assuré une enfance heureuse. Pas une enfance compétitive remplie de prix, de récompenses, mais d'amour, de musique, de jeux et de rires. Il est inutile de sacrifier une enfance agréable à

1. Composant classique des petits déjeuners anglais, le porridge est une bouillie de flocons d'avoine. NDT.

la promesse de lendemains qui chantent. Alors restez au lit aussi longtemps que vous le pouvez.

La sieste

À travers le vaste monde, les sages font la sieste après le repas. Je n'ai pas besoin de convaincre le lecteur oisif des bienfaits pour la santé et le bien-être d'un petit somme d'une heure par jour. C'est très important, surtout dans les premières années de la vie de l'enfant. J'irais jusqu'à dire que si votre métier vous interdit de faire la sieste, si vous travaillez par exemple loin de la maison, alors il faut quitter cet emploi. Je regrette d'avoir passé tant de temps au bureau quand Arthur était petit. Victoria et moi-même reconnaissons que la vie aurait été plus facile si nous avions acheté un petit appartement près de mon bureau, plutôt qu'une maison à une heure de route. Victoria travaillait non loin de mon bureau, nous aurions donc pu faire garder notre fils par une baby-sitter, aller au travail et revenir à pied. En vivant plus près de nos lieux de travail, nous aurions pu être davantage présents à la maison pour le repas de midi et la sieste. Plus tard, j'ai changé d'emploi et j'ai commencé à travailler à la maison, ce qui fut une grande amélioration.

Alors, quittez ce boulot. Votre santé, votre bonheur et ceux de votre famille sont plus importants que les profits de la multinationale pour laquelle vous trimez. Vous n'avez pas besoin d'autant d'argent. « Mangez des orties ! » disait l'artiste autrichien Hundertwasser (1928-2000). Quantité de livres vous expliqueront comment bien vivre en gagnant moins d'argent, sans oublier les inépuisables ressources de votre imagination.

Faire la sieste avec ses enfants est une bonne idée, c'est comme dormir avec une petite bouillotte ou un ours en peluche. Et ils sont mignons quand ils dorment. Papa peut se chauffer les pieds au feu de cheminée et s'assoupir en lisant de la poésie comme l'*Ode à la mélancolie*, se retirer dans le monde des rêves et se réveiller tout reposé. Vous me direz que vous ne travaillez pas à la maison et que vous ne pouvez pas laisser tomber votre travail. Alors, emportez un oreiller au bureau, assoupissez-vous dans une église pendant la pause méridienne, ou sur un banc dans un parc, ou sous un arbre. J'ai entendu parler d'une compagnie new-yorkaise qui essaie de lutter contre le manque de sommeil avec un service de sieste. Quand vous entrez dans leur grand magasin de la sieste, on vous conduit à un fauteuil inclinable et confortable dans une pièce sombre, sur un fond de musique d'ambiance, pour vous aider à vous endormir. On vous réveille après les vingt minutes imparties. Problème : ce genre de sieste coûte de l'argent. New-York rend typiquement payant ce qui est gratuit, comme le sommeil. Ces centres commerciaux de la sieste sont également fondés sur un principe gênant : ils promettent de vous rendre frais et dispos… afin que vous puissiez travailler encore plus intensément pour votre patron. C'est une sieste régénératrice faite non par plaisir, mais pour servir la machine capitaliste et vous rendre plus productif. La motivation du parent oisif est tout à fait contraire. Nous faisons la sieste parce que nous aimons la vie. Les couples devraient donc s'assurer que le conjoint fait autant de siestes que possible. Nous ne devrions pas en vouloir à notre épouse ou à notre époux de faire la sieste. Il est certes plus facile de céder à l'impression que l'autre se la coule douce. Je ne supporte pas cette cauchemardesque discussion sans issue, le soir, où chacun essaie de convaincre l'autre que sa vie est la plus dure. Nous devrions nous réjouir des siestes du conjoint, ce n'est pas de la nonchalance, c'est du bon sens. Nous avons besoin de sommeil !

Les personnes en manque de sommeil perdent la raison. Ce sont des fantômes, elles deviennent susceptibles et irritables ; pour elles, les gens sont stupides et le monde est hostile. Un ami me dit qu'il lui arrive de se mettre dans des colères noires et de ne pas réaliser, avant de s'être reposé, que sa furie est liée à son manque de sommeil. Quand il se réveille après un roupillon, il se sent différent. Le sommeil chasse les soucis. Alors, faites comme les Espagnols, les Mexicains, les Africains. Là où les gens ont un contrôle plus important de leur vie, ils font la sieste. En Chine, il était courant de voir des travailleurs faire la sieste au bord de la route jusqu'à récemment. Le sommeil vous rendra fort et beau. Si vous avez des collègues oisifs sur votre lieu de travail (ce dont je doute), alors vous dédierez des salles entières à la sieste. Nous, Occidentaux, sommes tout le temps en train de vanter nos richesses mais nous sommes incapables d'organiser notre temps pour nous accorder une sieste par jour. Dès que le bébé est né, que la sieste soit une priorité. Faites de vos deux premières années ensemble un univers de sommeil nébuleux et agréable.

Prenez des vacances ensommeillées

Pourriez-vous envisager de demander à ce grand groupe de bénévoles – les amis, la famille et les voisins – de garder vos enfants pendant que vous faites la sieste ? Je ne sais pourquoi nous avons tant de mal à admettre que nous avons besoin de nous reposer. Nous recourons facilement à la garde d'enfant pour sortir le soir. Mais pas pour pouvoir dormir. Victoria et moi-même avons recouru aux services d'une nounou pour pouvoir faire la sieste. Des filles au pair, des baby-sitters ou des nounous sont la version payante de la famille étendue. Dans des sociétés plus saines, la garde d'enfant est partagée entre beaucoup de personnes, ce qui allège le fardeau des parents et leur laisse du temps libre pour dormir. Admirons la sieste décomplexée et confiante du Mexicain au fond de son hamac, sachant que ses enfants sont entourés d'amis et de la famille. La famille nucléaire est épuisante. Le parent isolé est fatigué. Rassemblez des gens autour de vous. Nous avons besoin de visiteurs tout au long de la journée. Ils feront la vaisselle, ne pensez pas qu'il faille les divertir. Certains lecteurs m'ont critiqué pour avoir fait appel aux services d'une fille au pair, m'enjoignant de suivre mes propres conseils et de dépenser moins pour travailler moins. Mais pour nous, les nounous et les filles au pair formaient une famille élargie. Elles n'étaient pas absolument nécessaires dans la mesure où nous étions tous deux à la maison une grande partie du temps. Parfois, nous nous débrouillions seuls. Sur huit années, nous avons eu quatre années de garde à plein temps ou à mi-temps. Les gardes d'enfants nous ont permis de nous reposer et elles nous faisaient de la compagnie. Nous avons pu recourir à leurs services en allongeant la durée de notre prêt, imprévoyants que nous étions! Nous nous en sommes félicités. Il valait mieux pour les enfants avoir une garde durable pendant trois ans que d'être lâchés dans une crèche. Nous avons dépensé moins pour rémunérer les services de notre nounou à plein temps que certains de nos amis pour une crèche. Les enfants s'amusent nettement plus avec une bonne nounou qu'en crèche, me semble-t-il.

Pour organiser votre petite crèche, le mieux est de recourir à la famille et aux amis et d'établir des échanges. Vous pouvez organiser une rotation dans les différentes maisons des parents et vous entraider pour le ménage. Pourquoi le ménage devrait-il être accompli seul? C'est la pire solution. Organisez une journée lessive. Posez vos enfants par terre et faites votre lessive ensemble.

Si vous voulez dormir davantage, laissez tomber l'idée capitaliste des sorties en famille, car toute sieste est alors impossible. Vous ne pouvez pas sommeiller une heure lorsque vous faites la queue devant les caisses d'un parc à thème. Ces parcs ne devraient–il pas proposer des salles dévolues à la sieste pour les parents ? Cela augmenterait leurs entrées.

Un de mes amis qui est papa a un truc parfait. Il emmène ses trois fils au cinéma après le déjeuner pour que sa femme puisse se reposer. Il les pose devant l'écran au premier rang, retourne s'installer dans sa voiture, incline le siège et dort une heure ou deux. Il a économisé son billet d'entrée, s'est épargné un dessin animé américain, et a bien dormi pardessus le marché : voilà l'éducation oisive.

Nous ne devrions pas compter sur le gouvernement ou sur nos employeurs pour nous offrir davantage d'heures de sommeil. Nous devrions exercer nos droits sans rien leur demander. Ne faites pas de pétition, servez-vous. Le sommeil est gratuit, c'est bon pour vous, c'est un don. Il n'est pas directement utile pour l'économie, mais il l'est pour l'individu. Le manque de sommeil engendre bien des maux : claquements de portes, cris, jurons, erreurs judiciaires, tristesse.

Nous devrions nous habituer à appeler nos voisins et leur demander sans honte ni crainte : « Pouvez-vous surveiller les enfants pendant une heure ou deux ? J'ai besoin d'une sieste. » Accordons-nous des pauses, des petites vacances loin de la famille nucléaire.

Mettez un matelas par terre le long de votre lit

Voilà une stratégie qui remonte aux premières années de notre premier enfant. Avant de l'avoir découverte, je commençais mes nuits dans le lit conjugal. Mais trop souvent, un enfant venait me réveiller en me tapotant le visage ou en me donnant des coups de pieds dans le dos. Et après avoir résisté pendant une demi-heure, je gagnais d'un pas lourd la chambre d'amis, plein de colère. J'ai changé de tactique. Je me suis fait un petit lit le long du grand lit. Dès lors, dès qu'un enfant venait à me réveiller, je lui abandonnais la place et je me glissais hors du grand lit dans mon petit refuge bien confortable. J'ai donné le truc à mon ami Marcel et cela marche très bien, il roule dans son nid avec plaisir : « Il n'est pas très grand, mais il est tout à moi. »

Chambres séparées

Quand nous avons eu notre troisième enfant, il y n'avait plus de place pour du sentiment. Je déménageai d'emblée et pendant dix mois j'ai dormi dans la chambre d'amis. De cette façon au moins, l'un de nous deux n'était pas privé de sommeil. Dormir seul présente certains avantages : vous pouvez lire aussi tard que vous voulez, vous vous réveillez quand vous vous réveillez. Parfois Victoria m'apportait le thé le matin, un vrai bonheur !

Tout le monde dans la même chambre

Voici une autre stratégie dont j'ai entendu parler : adultes et enfants dorment dans la même chambre. Ainsi, quand un enfant se réveille, il se sentira en sécurité avec tous les autres et se rendormira facilement. Bougez les matelas, essayez différentes dispositions. Le pire est de mettre le bébé dans son lit seul dans la pièce à côté. Quant à dormir avec le bébé, c'est une question d'habitude. Dans son livre *Le Concept du Continuum*, Jean Liedloff écrit que les parents n'essaient pas vraiment cette solution. C'est peut-être vrai, mais cela semble évident qu'un parent peut trouver difficile de s'endormir avec un bébé en train de ramper autour du lit.

Mais quelle que soit votre solution, le message est clair : dormez davantage.

10
Le pouvoir de la musique et de la danse

« On doit à son enfant un respect absolu. »
Juvénal [1]

En lisant l'essai de John Locke sur l'éducation, certains récits de la vie quotidienne au Moyen Âge, des études anthropologiques sur les coutumes des tribus actuelles ou même des récits décrivant la vie des Anglais il y a cent ans seulement, j'ai été surpris par la place importante du chant et de la danse. Au dix-huitième siècle, les enfants prenaient des cours de chant et de danse à domicile. Les adultes avaient également leur maître de danse, souvent caricaturé dans les gravures de Hogarth sous les traits d'un Italien maigre et efféminé. Le poète Coleridge évoque la coutume de la danse après le dîner à la fin du XVIIIe siècle. Les gens dansaient presque chaque

1. Juvénal, *Satires,* traduit du latin par Pierre de Labriolle, François Villeneuve et Olivier Sers, Paris, Les Belles Lettres, 2002, 14, 47.

nuit. Locke recommandait les leçons de danse dès le plus jeune âge, en partie comme moyen de fortifier chez l'enfant sa confiance en lui :

« Comme la danse me paraît le meilleur moyen de donner aux enfants une honnête assurance, une bonne tenue, et de les encourager à rechercher la société des personnes au-dessus de leur âge, je crois qu'il faut leur apprendre à danser dès que l'on peut. Bien que la danse en effet ne consiste que dans la grâce extérieure des mouvements, elle donne à l'enfant, je ne sais comment, les pensées et la démarche d'un homme [1]. »

L'enfant idéal de Locke reçoit son éducation à la maison. Ainsi, son apprentissage ne devrait pas reposer sur les écoles, auxquelles nous déléguons systématiquement l'éducation de nos enfants aujourd'hui, mais sur les parents. C'est ainsi : si nous voulons que les enfants sachent danser, il faudra nous débrouiller nous-mêmes. N'attendez pas que le gouvernement vous propose des cours.

Personnellement, mon rapport à la danse n'est pas terrible. Je regarde les autres danser avec envie et ce n'est qu'après avoir ingéré de grandes quantités d'alcool que je perds mes inhibitions et que j'ose m'aventurer sur la piste de danse. Une fois sur place, je répète laborieusement deux mouvements appris lors de mes nuits de rave passées à danser dans des entrepôts et dont je garde un lointain souvenir. Ce manque de confiance en soi n'est pas le résultat d'une incompétence innée, comme on pourrait le croire. Mais il s'agit de la conséquence directe de ne jamais avoir appris à danser. Tout comme je me sentirais angoissé à l'idée de prendre le volant sans avoir jamais appris à conduire, je me

1. John Locke, *Quelques Pensées sur l'éducation*, traduit de l'anglais par Compayré, Paris, Vrin, 2007 § 37.

sens nerveux à l'idée d'aller danser sans quelques leçons préalables. Si nous avions appris et pratiqué la danse toute notre vie, alors nous aurions davantage confiance en nous. Nous connaîtrions tout un répertoire de figures. La danse n'est pas un phénomène spontané, il est nécessaire de l'apprendre et de pratiquer. Les amateurs de break dance, de rock'n'roll, les valseurs et les danseurs de tango : tous ont appris à danser. Nous sommes toujours dans une culture puritaine et les puritains n'aimaient pas la danse. À leurs yeux, elle était un plaisir inutile au salut de l'âme. Dans d'autres cultures religieuses, la danse est absolument centrale. Les extatiques derviches tourneurs sont à nouveau en vogue. Ce courant islamique soufi évolua en plusieurs sectes fondées aux XIIe et XIIIe siècles en Turquie. Un de ces groupes a été fondé par le poète Mawlânâ Djalâl (1207-1273), également appelé Mevlânâ ou plus simplement Rûmî. Sa doctrine prône la tolérance universelle, et ses adeptes dansent en tournant sur eux-mêmes pour perdre leur ego. Je recommande sa poésie. C'est une bonne lecture pour le parent oisif, ses poèmes peuvent figurer parmi ses livres de chevet.

« Sois enivré d'amour, car l'amour est tout ce qui existe ; sans amour, nul n'a le droit d'entrer chez le Bien-Aimé[1]. »

Il devait être le John Lennon du jour. Prêchant l'art de vivre ici et maintenant, le soufi est l'enfant du moment présent. Le mot « demain » est exclu de la doctrine de ceux qui sont en chemin. Et la danse est un moyen de se connecter à l'instant présent.

La danse extatique n'était pas réservée aux derviches soufis. Barbara Ehrenreich dans *Dancing in the streets* décrit l'activité

1. Mawlânâ Djalâl Od-Dîn Rûmî, *Odes mystiques*, Paris, Seuil / Unesco, 2003, n°455.

dans une église galloise au XIIe siècle : « Vous pouvez voir des jeunes hommes et des jeunes filles, certains dans l'église, d'autres dans la cour de l'église ou sur le chemin qui mène aux tombes. Ils entonnent des chants traditionnels et tout à coup s'effondrent par terre. Ceux qui avaient suivi le meneur dans le calme entraient comme en transe et bondissaient en l'air comme saisis de frénésie [1]. »

Ehrenreich définit le Moyen Âge comme une longue période de fêtes. Un festival se déroulait chaque semaine avec de la musique et de la danse. L'historien Richard Hutton décrit également cette culture des réjouissances et des fêtes dans le haut Moyen Âge anglais. Mais ensuite, ce fut la répression. Du XVIe au XIXe siècle, le courant ecclésiastique considérant la danse et l'amusement comme suspects voire diaboliques gagna du terrain et les plaisirs furent ensuite bannis officiellement et non plus simplement mal vus.

Aldous Huxley décelait néanmoins des signes d'espoir : « les Quakers tremblaient et les Shakers frémissaient. » Ces derniers tentaient de retrouver une joie spirituelle par une transe physique. Mais la tendance générale était loin de la danse et de l'amusement. « Du dix-septième au vingtième siècle [...] il y a littéralement des milliers d'actes législatifs adoptés pour tenter d'éliminer le carnaval et les festivités populaires de la vie européenne » écrivent les historiens Peter Stallybrass et Allon White au sujet des effets de la Réforme [2]. Le protestantisme et la culture capitaliste émergente du travail acharné n'avaient pas de temps pour les festivités. Dans ce nouveau

1. Barbara Ehrenreich, *Dancing in the streets*, New York, Metropolitan Books, 2006.

2. Peter Stallybrass et Allon White, *The Politics and Poetics of Transgression*, Ithaca, Cornell University Press, 1986.

monde où le temps c'est de l'argent, danser était considéré comme un gaspillage d'argent inutile. Les puritains étaient pressés de construire un nouveau monde. La contemplation, la danse, les réjouissances étaient perçues comme une perte de temps.

Au XXe siècle et au début du XXIe, la danse consiste essentiellement à regarder les autres danser à la télévision. On peut parfois oser quelques pas lors d'un mariage ou en discothèque, mais les résultats sont généralement embarrassants. Certains enfants apprennent le hip-hop et le break, mais ils sont une minorité, alors qu'hier tout le monde dansait. La danse est devenue un spectacle. Heureusement, des oasis de bon sens existent encore : dans les îles écossaises, on sait toujours danser, un « ceili » réunit les habitants chaque semaine dans toutes les îles. Il y a quinze ans, en visite à Ithaque avec des amis, nous sommes tombés un jour sur une danse villageoise exécutée par environ deux cents insulaires de tous âges décrivant un cercle.

Plus tard, le mouvement des rave party et leurs danses extatiques a explosé, mais ces réjouissances ont rapidement été placées sous le contrôle de l'autorité qui a commencé par légiférer contre elles avant de les transformer en évènements commerciaux. Les lois ont interdit à des groupes de se rassembler pour danser sans autorisation. Mais en même temps, le monde du commerce a profité de la popularité des raves en installant un DJ dans une boîte de nuit londonienne appelée Ministry of Sound [Ministère du Son]. On a importé des touristes pour injecter de l'argent dans le capital. Ainsi, le mouvement même que les autorités voulaient supprimer est devenu une source de revenus importante. Avec le boom de l'art britannique, cela a contribué à attirer la finance à Londres.

Mais alors, oublierait-on les enfants dansant pour leur propre plaisir ? Sans profit ? Tous ces gens organisant leurs danses en dehors du système commercial ? Chaque école devrait donner des leçons de danse deux fois par semaine.

C'est un peu la même histoire avec la musique. Seuls des enfants talentueux et travailleurs continuent à pratiquer la musique au-delà du primaire. Ceux qui n'atteignent pas un très bon niveau peuvent en être dégoûtés à vie. Victoria par exemple a atteint un très bon niveau au piano. Mais elle ne pratique plus, parce qu'elle n'a pas confiance en elle, même si nous avons un piano chez nous. L'école a tendance à brimer la confiance en soi en propageant cette idée fausse : ou César, ou rien ; à moins d'être le meilleur, inutile de persévérer. Avec pour conséquence pour la plupart des enfants de ne plus pratiquer d'activité musicale du tout.

Notre jugement sur nous-mêmes nous rattrape bien vite. Je remarque qu'Arthur est déjà intimidé par l'idée de chanter et de danser alors que des enfants plus jeunes s'y mettront spontanément dès les premières mesures, en agitant les bras et en se balançant. Chaque maisonnée devrait jouer de la musique et avoir des instruments partout.

La musique et la danse tendent à disparaître de la vie des plus jeunes. À l'adolescence, certains prennent une guitare, se teignent les cheveux et commencent à jouer en groupe, un phénomène encourageant heureusement répandu.

Avant la commercialisation totale de la musique, vendue en format numérique, en CD, en cassette ou en vinyle, nous chantions pour nous-mêmes. Bien sûr, les grands compositeurs et interprètes étaient rémunérés par les familles riches pour composer et jouer. Mais dans les rues, tout le monde chantait. Si vous vous promeniez par exemple dans les rues de Florence au XIVe siècle, chaque artisan chantait à son établi, comme en témoigne cette histoire au sujet de Dante :

« Un jour, à Florence, après avoir déjeuné, Dante croisa un forgeron qui battait du fer sur son enclume et chantait des vers du poète comme on chante un poème populaire. Il mélangeait les vers à loisir, en raccourcissant certains et en rallongeant d'autres. Dante eut l'impression que le bonhomme l'insultait grandement. Sans un mot, il fonça vers l'atelier de l'artisan et jeta son marteau, ses balances, ses pinces et d'autres outils dans la rue. “Vous chantez mon œuvre, mais pas telle que je l'ai écrite ; je n'ai pas d'autre art et vous êtes en train de le saccager.” Le forgeron courroucé mais à court d'arguments ramassa ses outils et retourna travailler. Après cet épisode, ses chansons portaient sur Tristan et Lancelot et il laissa Dante tranquille[1]. »

Alors, comment favoriser le grand retour de la musique et de la danse dans la vie de nos enfants ? En ce qui concerne la musique, j'ai commencé à enseigner l'ukulélé à notre école primaire. Cet instrument est idéal pour un enfant parce qu'il est petit et facile à jouer. La plupart des enfants apprennent « Twinkle twinkle little star[2] » et l'accord en do majeur en une demi-heure. On obtient des résultats gratifiants rapidement, contrairement au violon, par exemple. Enseigner l'ukulélé m'a encouragé à pratiquer l'instrument. L'ukulélé peut être joué à plusieurs et, contrairement à la flûte à bec abhorrée, on peut chanter en jouant. Son prix est très modique.

Cet instrument est par nature réjouissant. Il a été inventé lorsque les migrants portugais ont débarqué à Hawaï au XIXe siècle avec leurs petites guitares. Les Hawaïens ont

1. Notre traduction.
2. Comptine anglaise.

adapté l'instrument et rapidement l'île entière, famille royale incluse, en jouait. L'ukulélé incarne l'esprit hawaïen joyeux.

L'ukulélé encourage un jeu rythmé susceptible d'entraîner dans la danse sans avoir besoin d'une batterie. Lors d'un mariage, la sono tomba en panne brièvement et la musique s'arrêta. Pour remplir le vide, j'ai joué quelques accords d'ukulélé et les gens ont continué à danser.

La musique peut être un phénomène spontané. Hier, j'animais chez moi une expérience pédagogique de « Laissez-les tranquilles. » Je me tenais allongé sur un divan en train de lire et de sommeiller pendant que les enfants s'affairaient autour de moi. Henry jouait avec un tracteur et une grue, Delilah se racontait des histoires avec sa jolie voix chantante. Arthur, qui est généralement accro à l'ordinateur, jouait avec des casseroles. Il s'était d'abord coiffé d'une passoire et s'était assis sur un amoncellement de casseroles en disant : « Je suis le roi des casseroles. » Plus tard, il fit une autre pile de casseroles et se mit à tambouriner dessus avec une cuillère en bois : « J'ai fabriqué un instrument de musique. » Toutefois, Arthur semble très inhibé quand il s'agit de danser. Je ne sais pas pourquoi. Il a peut-être déjà perdu la nature sauvage et spontanée des petits enfants.

Pourquoi ne pas aller plus loin, au-delà de toute musique formelle, et les exposer à la musique de la nature ? Voici ce que dit Manasobu Fukuoka, cité plus haut :

« En élevant les enfants, beaucoup de parents font la même faute que moi au début, dans le verger. Par exemple, apprendre la musique aux enfants est aussi inutile qu'élaguer les arbres du verger. L'oreille d'un enfant reçoit la musique. Le murmure d'un ruisseau, le son des grenouilles croassant près de la rivière, le froissement des feuilles dans la forêt, tous ces sons de la nature sont musique – vraie musique. Mais quand divers bruits perturbateurs pénètrent dans l'oreille et la brouillent, la connaissance de la musique directe et pure de l'enfant dégénère. Si on le laisse continuer dans cette voie, l'enfant sera incapable d'entendre l'appel d'un oiseau ou le son du vent comme chants. C'est pourquoi l'éducation musicale est considérée comme étant bénéfique au développement de l'enfant. Il se peut que l'enfant élevé avec une oreille pure et claire ne soit pas capable de jouer des airs populaires au violon ou au piano, mais je ne pense pas que ceci n'ait rien à voir avec la capacité d'entendre la vraie musique ou de chanter. C'est quand le cœur est empli de chant qu'on peut dire que l'enfant est musicalement doué[1]. »

Je pense que l'écoute des Beatles est une bonne éducation musicale pour les enfants. Toute la famille peut aimer. Les jeunes chanteront : « Ob-La-Di, Ob-La-Da », « Octopus Garden », « Here Comes the Sun » et « Yellow Submarine », alors que les adultes préfèreront « Something » et « Across the Universe ». Vous pouvez inventer des chansons avec vos enfants. C'est très facile :

« Mandy le chat est un chat langoureux
Il aime être allongé
Mandy le chat est un chat silencieux
Il est toujours discret. »

Alors, chers parents, chantez donc ! Dansez dans la cuisine tout en faisant le ménage et la vaisselle. Soyeux joyeux, chassez les idées noires. « Je ne sais pas chanter », dites-vous, mais moi non plus, et je chante quand même. Il m'est même arrivé de jouer de l'ukulélé sur une scène devant trois cents jeunes belges à Anvers.

1. Manasobu Fukuoka, *La Révolution d'un seul brin de paille*, traduit de l'américain par Bernadette Prieur Dutheillet de Lamothe, Paris, Guy Trédaniel, 1983, p. 46.

Une bonne idée ? Lancez un groupe de musique familial avec des instruments improvisés. Toutes sortes d'instruments domestiques peuvent être utilisés comme percussions. Quant aux instruments à cordes, des élastiques tendus sur des cartons feront l'affaire. Enfin, un des musiciens émettra un son flûté en frottant le bord d'un verre.

La musique et la danse devraient réintégrer la vie de tous les jours. Il n'y a pas besoin d'être doué, votre niveau de compétence n'est pas important, on le fait pour le plaisir et peu importe si vous n'êtes pas le meilleur. La musique et la danse sont de bonnes harmonisatrices : elles ne sont pas imposées par les adultes, ni aux adultes (comme les balançoires par exemple).

Chantez toute la journée durant, faites de la musique, dansez, comme au Mexique. Nous sommes devenus trop civilisés, engoncés, coupés du monde. Et allez écouter de la musique dans la nature. Comment faire ? Lisez le prochain chapitre.

11

À bas les activités organisées

Vive le sauvage !

« Nous allons faire une fête épouvantable ! »
Maurice Sendak [1]

Les activités organisées sont le fléau de l'enfance moderne. « Donnez-leur quelque chose à faire » : cette expression résume notre attitude envers l'enfance et la vie en général. Occupez les enfants pour qu'ils ne fassent pas de bêtises. Nous leur donnons des activités à suivre, car nous les avons rendus incapables de les imaginer par eux-mêmes. Alors nous leur donnons « quelque chose » : du n'importe quoi, de l'indéfini, juste pour qu'ils nous laissent tranquilles. Et l'on en revient finalement à ce fameux mot : « faire ». Notre culture est malade, car elle croit que « faire » est mieux que « ne rien faire », même si ce « faire » est précisément la source des problèmes.

1. Maurice Sendak, *Max et les Maximonstres*, Paris, Ecole des Loisirs, 2015.

Le parent moderne remplit la journée de son enfant avec des activités se déroulant dans un endroit clos. Dès la sortie de l'école, cette prison, nous les conduisons à des activités organisées par des adultes : école de danse, football, cours de langue extrascolaire, club de théâtre, toutes de nature compétitive. Certains parents du quartier de Manhattan louent les services de nounous chinoises afin que leurs enfants apprennent le mandarin, pour devenir plus compétitifs sur le marché du travail quand ils seront adultes ! Les adultes sont toujours derrière les enfants, où qu'ils aillent, les menant à la baguette et leur faisant franchir des portails, vérifiant, contrôlant, surveillant, mesurant, protégeant. Le jeu est devenu une marchandise. Nous les emmenons dans des endroits chers, sécurisés, tout en plastique, alors que sous notre nez se trouvent des lieux gratuits pour jouer. Je me souviens, étant enfant, que les meilleures aires de jeu étaient les décharges, où nous pouvions dénicher des ressorts, des frigos et d'innombrables pièces dans les carcasses de voitures. Pour nous, les meilleurs endroits étaient ceux où nous faisions des découvertes nous-mêmes. Nous jouions dans les marges. Nous n'avions pas besoin d'aires de jeux conçues par des adultes. Dès mon enfance, j'étais conscient que quelque chose ne tournait pas rond dans les amusements organisés par les grandes personnes. Je les trouvais aliénants.

À la maison, les enfants sont réfractaires à la salle de jeu bien décorée, aux plans tout faits. Ils jouent dans les escaliers, le salon, le couloir. Ils déplacent les meubles et font des cabanes. Dans les bois, ils construisent des cabanes et des camps à la Robin des bois, loin du regard parental. Laissez-les jouer tranquillement ! Laissez-les prendre une vieille couverture et l'étendre sur deux chaises renversées pour construire un toit. Laissez-les construire des barrages sur des ruisseaux.

Laissez-les dessiner des cartes, craquer des allumettes et se promener avec des couteaux suisses. Les meilleurs endroits pour jouer sont ceux que les enfants découvrent eux-mêmes. Les meilleurs jeux sont ceux que les enfants inventent eux-mêmes.

Rappelez-vous des mots si sages de Hundertwasser, l'artiste et architecte autrichien : « Comme l'art ne peut être enseigné et comme il n'existe pas d'enseignants humains, il existe seulement deux modèles, si vraiment vous ressentez le besoin d'un modèle : votre propre enfance et la nature [1]. »

Nous forçons nos vies à se conformer aux rythmes de la pendule industrielle moderne. Tout le monde connaît la résistance obstinée des enfants à la ponctualité : « Combien de fois te l'ai-je répété ? Mets tes chaussettes ! Nous allons être en retard. » Dès le plus jeune âge, nous conditionnons leurs esprits à s'inscrire dans un temps minuté, comme si nous les préparions à travailler dans un centre d'appels de neuf heures à dix-sept heures. Nous leur enseignons l'éthique de la ponctualité. Mais eux, par nature, échappent à l'heure de la pendule et vivent joyeusement le moment présent dès la moindre occasion.

« Donnez-leur quelque chose à faire ! » Combien de parents gâchent leur après-midi avec des séances de dessins, de peinture ou de cuisine bien intentionnées. Tout commence pourtant bien. La mère ou le père et les enfants passent une vingtaine de minutes heureuses à créer ensemble. Il est merveilleux de voir les petits mélanger les ingrédients et en mettre partout. Les parents sont contents de voir leurs bambins s'exprimer librement. Les évènements prennent ensuite une autre tournure. Les enfants commencent à faire n'importe

1. Notre traduction.

quoi. Ils renversent la peinture sur leurs vêtements. Ils jettent des affaires par terre, jugeant cette transgression des projets parentaux extrêmement amusante. Le parent, lui, est d'un autre avis et se met rapidement en colère et finit par hurler : « Sortez tous ! » Il termine alors la séance en étalant lui-même le glaçage sur les biscuits ou en rangeant les peintures… tout seul.

Les activités sportives peuvent également poser problème au parent oisif. Je me souviens être resté sans voix quand Victoria avait inscrit Arthur, alors âgé de cinq ans, à des cours de tennis tous les samedis à neuf heures du matin. Quelle idée ! Les samedis matin doivent être consacrés à rester au lit à ne rien faire. Après cinq jours successifs de levers matinaux chaotiques passés à préparer les enfants pour l'école, nos samedis auraient dû être l'occasion de rester au lit, de prendre le thé aussi longtemps que possible, pendant que les enfants auraient mis la maison sens dessus-dessous. Mais à la place, nous organisons volontairement quantité d'embarras onéreux, juste parce qu'un parent de la classe moyenne rêve d'avoir un enfant star du tennis. Heureusement, après un trimestre, Arthur décida de ne plus prendre de leçons de tennis. Alors nous avons laissé tomber. Voici un truc : ne les inscrivez pas à l'équipe de foot ou de rugby locale. À défaut, vous constaterez que vos week-ends seront complètement gâchés, car vous aurez à les conduire à des matchs à droite et à gauche. Le sport organisé est un ennemi. Choisissons plutôt le skateboard. C'est gratuit, on peut le pratiquer partout, les parents n'ont pas besoin de s'y investir, ou très peu. Mais les sports d'équipe ? Trois fois non.

Tout cela sans mentionner l'endoctrinement précoce pour inculquer aux enfants le credo pernicieux de la compétition. Les jeux d'équipe présentent un aspect horrible : vous êtes censé abandonner votre individualité à une cause supérieure. Les bons joueurs d'équipe sont souvent des gens désagréables et pas toujours très malins. Il existe même un terme spécifique aux États-Unis pour désigner le sportif sans cervelle : le *jock*. Le sport collectif consiste à battre l'équipe opposée. La pratique du sport collectif prépare les jeunes à la compétition sur leur futur lieu de travail. Mais pourquoi les jeux devraient-ils être compétitifs ? Tout anthropologue vous dira que les sociétés traditionnelles, plus égalitaires, ont leurs propres jeux et sports dépourvus de l'impitoyable compétitivité occidentale.

Mais je n'ai rien contre le fait d'apprendre à nager, car comme l'a sagement noté Locke : « C'est un art qui sauve la vie de bien des gens. Les Romains le considéraient comme si nécessaire qu'ils le plaçaient au même rang que les lettres. Ils avaient une espèce de proverbe pour désigner un homme sans éducation et qui n'est bon à rien. Ils disaient de lui : il n'a appris ni les lettres ni la natation, *nec litteras didicit nec natare*[1]. »

C'est aussi une activité amusante. Alors, la natation ? Oui, mais réduisons au minimum la part de la vie de nos enfants organisée par les adultes.

N'essayez pas de remplir les journées des enfants. Le parent oisif essaie d'unir le moment présent et l'avenir. Nous voulons des enfants créateurs de leurs propres vies, sans le stress, les soucis et la mauvaise santé qui accompagnent si souvent le monde du travail. De nombreux hommes trop maternés dans leur enfance s'accrochent aux jupons de grandes multinationales, pour reprendre une expression de Jean Liedloff. Je veux

1. John Locke, *Quelques Pensées sur l'éducation*, traduit de l'anglais par Compayré, Paris, Vrin, 2007, § 8.

des enfants libres. Je serais plus heureux s'ils n'avaient pas de travail salarié, et s'ils trouvaient une autre façon de gagner leur vie. Et même s'ils suivent une voie plus conventionnelle, j'espère qu'ils le feront avec un esprit libre et léger. Un excès d'activités les rendrait dépendants d'une autorité extérieure pour structurer leur vie quotidienne. Le temps est gratuit, on devrait accorder aux enfants le plus de temps libre possible afin de libérer leur imagination et leur autonomie.

Les enfants ont une nature sauvage, comme le reconnaissent les meilleurs livres pour enfants. Par exemple dans l'histoire de Max et les Maximonstres[1], Max prend le large et s'enfuit vers un monde sauvage sans parents. Les enfants veulent aller dans des endroits sauvages où ils ne subissent plus l'autorité pour créer leurs propres mondes. Les jeux sur les bottes de foin, dans un parc ou dans les arbres sont parmi mes meilleurs souvenirs d'enfance. Nous avons besoin de sentir le bois, les feuilles. Les activités dirigées par les adultes, même bien intentionnés, sont une forme de contrôle : nous avons une idée préconçue de ce qu'un enfant devrait faire et nous essayons de lui imposer cette vision, souvent sans succès, puisque les enfants adorent bouleverser nos plans.

Si nous réglementons, contrôlons et confinons les enfants de façon excessive, nous courons le risque de voir leur désir de liberté s'exprimer un jour de façon terrible, antisociale et destructrice. Pensez aux rodéos, à la colle sniffée, aux fenêtres brisées, aux voitures rayées, aux agressions. L'esprit libre émergera d'une façon ou d'une autre, tôt ou tard, comme un diable de sa boîte.

Et pourquoi enfermons-nous les enfants ? À cause de la peur. La peur d'un rapt ou des pédophiles. « Aujourd'hui, on

1. Maurice Sendak, *op.cit.*

n'est jamais trop prudent», voilà ce que l'on entend devant les portails des écoles. Mais si, vous pouvez tout à fait être trop prudents! Nous sommes tous trop prudents! Nous nous sommes laissé persuader que les cas d'enlèvements relatés dans les journaux sont monnaie courante. Ce n'est pas vrai. On compte peut-être environ dix cas par an en Angleterre. La probabilité est de un sur un million. La peur du croque-mitaine ne correspond pas à la réalité. Ce sont les journaux et la télévision qui créent cette peur. Et c'est leur nature : les journaux sont d'horribles torchons pleins de ragots conçus pour vendre de la publicité. Lorsqu'un enlèvement fait la une des journaux, les fabricants de dispositifs de contention pour enfants doivent se frotter les mains. On va augmenter les ventes, la valeur de l'action et contenter les investisseurs! Tous ces riches membres des conseils d'administrations profitent de la peur!

Le système n'aime pas le sauvage. Au Royaume-Uni, une loi autorise les policiers à chasser des lieux publics les enfants qui font l'école buissonnière. Selon un journal : « Les ministres veulent pénaliser le fait que les enfants errent sans supervision parentale. » Cette idée de mater les enfants nous vient des puritains, qui les voyaient comme des êtres sauvages dont il fallait extirper la sauvagerie. Voici ce que Jonathan Edwards, un prêcheur protestant, disait : « Tout innocents que les enfants puissent paraître, ils sont de jeunes vipères, bien plus haïssables que les vipères. Ils sont naturellement dépourvus de bon sens et stupides [1]. »

Une telle opinion justifiait les puritains dans leur entreprise de dressage féroce des enfants : « Brisez leur volonté et

1. Cité par Robert Hamlett Bremner, *Children and Youth in America : 1600-1865*, Harvard University Press, 1974.

vous sauverez leurs âmes» disait John Wesley. Ils avaient des attitudes analogues envers les Indiens d'Amérique considérés comme barbares bien qu'ils aient sauvé la vie de beaucoup de colons. La discipline et le travail en usine ont été introduits pour mater la bête infantile. L'ouvrière d'une usine du Massachussetts du XVIIIe siècle dont on avait lavé le cerveau se souvient de son enfance :

« La discipline que nous imposait notre travail était d'une grande valeur. Nous devions nous trouver à l'usine à telle minute, à telle heure pour enlever nos bobines pleines et les remplacer par des vides. Nous allions déjeuner et nous revenions à la même heure tous les jours. Nous travaillions et nous prenions des pauses à intervalles fixes, ainsi nos mains sont-elles devenues adroites, nos doigts agiles et nos pas rapides. On nous enseignait les habitudes de la régularité et de l'industrie ; c'était une sorte d'enseignement manuel ou d'école industrielle[1]. »

Lisez juste Dickens pour découvrir combien cette vision du travail était courante dans les écoles et les usines anglaises. Lorsque les philanthropes de l'ère victorienne ont fini par soulever des objections contre le travail des enfants, ils voulaient aussi introduire l'école obligatoire pour habituer les enfants à une routine rigide. Et à de longues journées ennuyeuses. L'école publique a été créée au XIXe siècle en Angleterre et en France, en partie pour dresser les enfants afin qu'ils puissent être ensuite asservis à un salariat de misère.

Nous aussi, nous réprimons les comportements échevelés à la maison dès les premières années. Nous avons honte de la nudité de nos enfants. Notre rédactrice à *The Idler* Sarah Janes

1. Cité par David A. Zonderman, *Aspirations and Anxieties : New England Workers and the Mechanized Factory*, Oxford, Oxford University Press, 1992.

raconte comment son neveu a choqué ses grands-parents. Le petit garçon âgé de quatre ans écoutait de la musique dans des écouteurs pour la première fois de sa vie :

« Je n'oublierai jamais son visage ravi, les larmes aux yeux, son corps rayonnant de plaisir. Dans sa joie, le petit garçon commença à ôter ses vêtements et sa famille essayait de l'obliger à se rhabiller. Mon père et ma mère dirent : "Cela suffit Jack, ce n'est pas drôle." »

Mes enfants ont fait exactement la même chose. Avant d'avoir entendu le témoignage de Jane, j'aurais été tenté de dire : « Henry. Ne fais pas ça. » Si nous les disputons parce qu'ils sont joyeux, les petits vont apprendre à se cacher. Regardez les cathédrales médiévales et vous verrez des fessiers nus et des parties intimes à l'air libre au sommet des piliers et des arcs-boutants. Un encorbellement de l'église Notre-Dame-des-Miracles à Mauriac montre une sculpture d'une femme en tenue d'Eve se contorsionnant sans pudeur. Une sculpture dans la cour de l'Hôpital des Rois-Catholiques à Saint-Jacques-de-Compostelle représente un homme exhibant son derrière, sans mentionner les sculptures médiévales d'hommes et de femmes… en pleine action. De telles sculptures seraient inimaginables aujourd'hui sur n'importe quel bâtiment et *a fortiori* sur une église, tant nous sommes devenus prudes. Et nous nous considérons comme libérés ! Une épidémie de pruderie depuis un siècle a endommagé nos esprits… exception faite des fans de football qui montrent leurs derrières à la fenêtre des cars sur les autoroutes. Peut-être la situation s'est-elle légèrement améliorée depuis les années 1950, lorsque les écoles interdisaient encore la masturbation. Nous ne devrions pas pour autant nous féliciter de notre liberté d'esprit.

La grande remise en ordre du monde a démarré au XVe siècle et s'est poursuivie jusqu'à nos jours. L'enfance médiévale était bien moins supervisée, contrôlée et règlementée qu'aujourd'hui. Il existait de nombreuses sortes d'institutions éducatives, et beaucoup de nos universités actuelles ont été fondées au Moyen Âge. Les docteurs médiévaux adoptèrent la conception romaine tripartite de l'enfance : *infantia* – de la naissance à l'âge de sept ans ; *pueritia* – de sept à douze ans pour les filles et de sept ans à quatorze ans pour les garçons ; *adolescentia*, de douze ou quatorze ans à vingt-et-un ans. Les médiévaux étaient très attentifs aux bébés : des manuels du XIVe siècle conseillaient aux mamans de baigner l'enfant chaque matin et de jouer avec lui.

Les enfants commençaient à travailler plus tôt et ce n'était pas mauvais pour les jeunes gens et les jeunes filles de se sentir utiles. À l'inverse, l'école empêche les enfants de contribuer à la société. Elle les tient à l'écart. Il y avait à cette époque moins de livres conseillant le bourrage de crâne des enfants. Les moralistes ne s'étaient pas encore rendu compte que les enfants pouvaient être les objets d'expérience d'un apprentissage moral. Locke dit qu'il a écrit ses *Quelques Pensées sur l'éducation* pour le fils d'un gentleman, qu'il considérait « à raison de son jeune âge, comme une page blanche ou comme un morceau de cire que je pouvais façonner et mouler à mon gré [1] ».

Respectons donc l'enfant, car chacun est unique et différent. Aidons-le à suivre son propre chemin. Il ne faut pas encourager un mauvais comportement. Il faut avoir des règles, sinon ils mettront votre maison sens dessus-dessous.

Se promener en bottes dans la maison est par exemple strictement interdit chez nous. Nos règles ne sont pas des instructions morales mais simplement des questions pratiques

1. John Locke, *Quelques Pensées sur l'éducation*, traduit de l'anglais par Compayré, Paris, Vrin, 2007, § 217.

et personnelles ; je ne veux pas avoir à nettoyer la boue. Nos règles sont subjectives et non pas objectives. Nous ne sommes pas détenteurs d'une autorité suprême disant : « C'est mal. » Il vaut mieux dire : « Je n'aime pas cela. » A.S. Neill disait qu'il lui arrivait de crier après un enfant traversant son bureau avec des bottes maculées de boue. Mais c'est très différent que d'imposer une règle dure et froide. Il faudrait certes éviter de crier et de se mettre en colère, mais c'est mieux qu'une réprimande calme du genre : « Tu as mal fait. Maintenant je vais te punir. » Avec la première méthode, vous restez un être humain. Avec la seconde, vous essayez d'agir comme le Dieu de l'Ancien Testament.

Ne craignez pas l'esprit sauvage. Le jour où un groupe de rock a joué une gigue dans notre grange, deux enfants de huit et dix ans se sont lâchés et se sont mis à sauter et à agiter leurs membres en tous sens avec un regard fixe et sauvage. J'ai noté la même expression sur des visages d'enfants observant un feu. « Les enfants aiment le feu » écrit William Cobbett dans un des chapitres de *Cottage Economy*[1]. Rien de tel qu'un bon feu pour nous reconnecter à la nature, pour encourager un regard méditatif. Ils seront probablement bientôt interdits pour des raisons sanitaires et sécuritaires.

Les femmes et les hommes ont besoin d'une fête dionysiaque de temps en temps. Un bol d'air frais deux fois par an est important pour les parents. Laissez vos enfants à vos parents trois jours. Dansez toute la nuit. Les parents ont tendance à devenir trop sérieux une fois qu'ils ont des enfants. Mais la vie doit être vécue comme une danse, non comme une épreuve ou un dur labeur.

1. William Cobbett, *Cottage Economy*, Cambridge, Cambridge University Press, 2009. Notre traduction.

Que nos vies et celles de nos enfants soient pleines de plaisirs. Ils n'ont pas besoin d'être onéreux. Voici donc une série de propositions pratiques. Bien entendu, une fois que votre esprit se mettra à travailler en ce sens, vous aurez vos propres idées.

Faites du feu

Faites du feu aussi souvent que possible. Pas de barbecue, ce substitut du feu, bien propret, confiné et suburbain. Mais de vrais feux. Construisez un foyer dans votre jardin et entourez-le de pierres. Remplissez-le avec du papier et du carton. Récupérez des bouts de bois dans les poubelles ou dans les parcs. Un feu après l'école est plus amusant que la télévision ou les jeux vidéo. Arthur aime griller ses marshmallow sur le feu. Les parents, eux aussi, ont besoin de connections primales. Les pères aiment particulièrement les feux. Trouvez une grande marmite et placez-la au-dessus du feu avec un trépied, cuisinez et mangez dehors. Un bon feu durera jusqu'à l'aube : avant l'école – en supposant que vous en ayez le temps, contrairement à nous – montrez-leur comment ôter la couche supérieure pour dégager les cendres chaudes qui couvent en dessous. Elles sont encore assez incandescentes pour rallumer des brindilles à moitié brûlées et même pour rallumer le feu.

Sortez de chez vous

Je garde un très bon souvenir des week-ends passés dans les grands jardins de la maison d'amis de mes parents lorsque j'étais enfant. Nous jouions sans supervision mais assez près de la maison pour revenir en courant et trouver quelqu'un en cas de problème. Quand nous sommes devenus plus âgés, nous allions à Richmond Park. Mon père nous emmenait plusieurs jours avec une gazinière pour griller les saucisses, quel plaisir intense ! En grandissant, nous avons appris à si bien connaitre le parc que nous pouvions y aller seuls et laisser notre père tranquille. Les choses sont plus simples aujourd'hui. Quand nos enfants dorment, nous les parents, nous pouvons folâtrer dans les bois. Reconnectez-vous avec votre Homme vert intérieur [1].

Jeux sur le fauteuil

Pourquoi se lever ? C'est fou comme on peut s'amuser avec ses enfants sans quitter son fauteuil. J'ai déjà mentionné le jeu de « Chatouilles ou Attrape ». Vous pouvez aussi jouer à repousser des assaillants imaginaires. Les enfants courent autour de vous alors que vous essayez de les attraper ; ils peuvent aussi vous lancer des balles. Ils peuvent vous grimper dessus. Ce serait amusant de voir combien de temps on peut s'amuser avec eux sans se lever de son fauteuil.

Mouvement de jeunesse

Vous avez la chance d'avoir accès à un mouvement de jeunesse inspiré du scoutisme ? Alors allez-y. Une amie m'a dit avoir toujours détesté l'école mais avoir aimé Woodcrafts Folk, un mouvement qui ne cultive pas l'esprit de compétition. Ils vont camper, jouent dans les bois, apprennent mille

1. « L'Homme vert » est un personnage au corps ou au visage recouvert de feuillages qui se retrouve dans de nombreuses cultures. Il est souvent employé comme motif ornemental dans des églises, des bâtiments civils ou même des pubs en Angleterre.

et une choses sur la nature ainsi qu'à fabriquer des objets. Pour mon amie, ce mouvement l'a soustraite au regard de l'école et de ses parents. Elle a pu conserver sa part de sauvagerie.

Le temps de la lutte

La lutte remporte un grand succès. On la pratique chaque soir après le dîner. Nos deux fils semblaient avoir beaucoup d'énergie à revendre, s'exprimant de façon inutile avec des cris, des crises et souvent de la casse. La lutte est une activité généralement très amusante pour les enfants et pour le papa. Cela laisse la maman tranquille. C'est moi contre eux. Les trois enfants se placent dans le salon sur un coin du tapis et moi au coin opposé. Je dis : « Premier round. Un, deux, trois. » Henry dit : « Ding ding ! » et nous nous pourchassons les uns les autres dans le ring. J'attrape Arthur en grognant et je l'envoie dans les airs. Les deux autres se jettent sur mon dos, comme deux petits singes essayant de mettre un ours à terre. Soit j'arrive à les tenir tous les trois, soit ils réussissent à me tenir à terre durant dix secondes. Nous faisons trois rounds – c'est bien assez pour moi. Les enfants en raffolent. Henry est candidat pour jouer toute la journée : « Papa, est-ce qu'on peut lutter ? » me demande-t-il pendant que je travaille. Cela les défoule de brailler à pleins poumons, le visage rouge d'excitation. Comme cette activité les épuise, j'espère qu'elle fournit un exutoire au sauvage tapi en eux.

12
En finir avec les parcs d'attractions

> *« Celui qui s'attache une joie*
> *Anéantit la vie ailée ;*
> *Celui qui baise la joie au vol*
> *Vit dans l'aube de l'éternité. »*
> William Blake [1]

La commercialisation de la sortie familiale est l'invention la plus absurde de la société industrielle moderne. Toute la semaine, vous êtes stressé au travail, car vous avez dû vous conformer au rôle que vous deviez jouer. Vous êtes fatigué, ronchon et vous vous sentez coupable parce que vous avez à peine vu vos enfants. Il est donc temps, pensez-vous, de les gâter, de faire quelque chose tous ensemble. Je sais ! Partons à la chasse au divertissement ! Entassons-nous tous dans la voiture et allons rejoindre d'autres familles tout aussi

1. William Blake, « Eternité » in *Chansons et mythes. Poèmes choisis*, traduit de l'anglais par Pierre Boutang, Paris, Editions de la Différence, 1989.

désespérées au parc d'attractions du coin ! Nous y dépenserons une liasse de billets et tout ira pour le mieux.

Les ennuis commencent dès qu'il s'agit de sortir tout le monde de la maison. Je suis alors saisi d'un indescriptible mal de tête. Avant d'avoir eu des enfants, je sortais de la maison bien tranquillement. Désormais, ce processus ne peut être accompli sans une heure de hurlements, de recherche de chaussettes et de chaussures, de soupirs, de cris, d'anathèmes contre le fabricant du siège pour enfant et ses cruelles inventions au nom de la sécurité. Ces maudits sièges contribuent certes à arrimer l'enfant, mais ils sont très nocifs pour le psychisme du père, sans compter la douleur physique accompagnant la fixation des ceintures. Il faut ensuite retrouver les jouets jugés indispensables pour le voyage. Récemment, nous avons commis l'erreur terrible d'installer un lecteur de DVD sur le siège arrière, dans l'espoir que les enfants se tiendraient tranquilles lors des longs trajets. Or ce maudit machin semble ne jamais fonctionner correctement et le rafistoler est une autre tâche à ajouter à tout le reste. Pourquoi ne pas préférer le jeu des devinettes ou la rêverie éveillée durant le voyage ?

Ensuite, le véritable enfer commence.

Nous roulons en direction d'un parc d'attractions. Ils se disputent. « Lila m'a tapé ! », « Henry m'a mordue ! Exprès ! » « Arthur m'a donné un coup de tête ! » Les trois enfants fermement attachés sur le siège arrière commencent à se bagarrer. Chaque enfant a perfectionné sa technique propre en matière d'émissions de sons exaspérants. Delilah répand un vrombissement de moustique mêlé à des sanglots l'empêchant d'exprimer clairement la raison de ses plaintes. Arthur pleure comme si c'était la fin de monde – tout est si injuste. Et Henry éructe un genre de grognement digne du film *L'Exorciste*. Mère et père se mettent à crier. La mère se retourne et hurle :

« Combien de fois devrai-je te le dire ? Laisse-le tranquille ! » Le père gronde : « Écoute-moi bien, Arthur. Encore une fois et tu seras privé de glace. Je ne plaisante pas. »

Le père jette un coup d'œil inquiet dans son rétroviseur pour voir ce qui ne va pas. Pour une fois, je me félicite de ne pas m'être mis trop en colère. Mais tout à coup, j'explose. On m'a vu devenir fou furieux, jurant, cognant le pare-brise sous l'effet de la colère. Victoria en profite alors pour prendre une posture moralisatrice et me lance quelque chose comme : « On en a marre de toi », ce qui m'exaspère plus encore, sentiment que je ne peux verbaliser car nous sommes tous enfermés dans cette fichue voiture. Chaque seconde, nous brûlons de l'essence, dont le prix semble augmenter tous les jours. Le coût annuel moyen de la voiture est de cinq mille livres. Imaginez combien de courses en taxis on pourrait payer avec cette somme ! Avons-nous vraiment besoin d'une voiture ? Il serait sensé de l'utiliser beaucoup moins. Rester à la maison au lieu de faire une sortie en famille serait beaucoup plus écologique. Pas de ressources gaspillées, pas de dépenses. Vivez bien avec un faible revenu et vous ne dépendrez de personne. Vous pourrez faire un pied de nez au monde des multinationales et au gouvernement.

Vous arrivez donc finalement au parc d'attractions et la sensation de vous être fait avoir vous envahit. On vous dévalise, on profite de votre faiblesse, vous devenez une marchandise, une victime. C'est le jour de vacances des esclaves. Mais devrait-on vraiment payer pour s'amuser ? L'éducation oisive est une éducation à peu de frais. Nous devons éviter le plus possible de dépenser de l'argent.

Dans la file d'attente pour les manèges, vous êtes assailli par un sentiment d'ennui profond, tout en spéculant oisivement sur les familles autour de vous. Sont-elles heureuses ?

Est-ce qu'une fois revenues chez elles, on entend des claquements de portes, des hurlements, des plaintes ? Des centaines de personnes se croisent sans se parler, comme des familles zombies, muettes. Le repas, un cauchemar en barquettes, est trop cher. Le temps s'étire, il n'est que deux heures de l'après-midi. Combien de temps reste-t-il avant de pouvoir quitter cet endroit maudit ? Les enfants veulent encore des tours de manège. À la fin de la journée, on passe à la boutique placée sournoisement à la sortie et vous dites : « Non ! » un millier de fois. Nous voyons ici le paradoxe de l'abondance : faire des achats signifie en réalité ne pas acheter davantage, car pour chaque babiole achetée, il faut dire : « Non ! » à des milliers d'autres. Loin d'être un exercice de laisser-aller, acheter revient à s'imposer des limites : je ne peux pas me permettre davantage. Quelle que soit votre générosité, en réalité vous dépensez toute votre énergie à empêcher les enfants de vous faire dépenser davantage. Le shopping est intrinsèquement décevant. L'enfant est rempli de frustration, car il a entraperçu des objets de convoitise défendus. Il imagine ce que ses parents auraient pu lui acheter s'ils n'étaient pas si mesquins ou si pauvres.

On vivra la même expérience dans les grands musées. J'ai emmené un jour Arthur au Museum d'histoire naturelle et j'ai jugé l'expérience médiocre, selon le terme employé par William Morris pour qualifier la société industrielle. Des expositions, du design, et de la décoration de piètre qualité, des petits itinéraires stupides amenuisant la splendeur des salles. Et la même impression de confinement qu'au parc d'attractions. La même contraignante limitation des mouvements. Avec les portails, les portiques et les itinéraires le long desquels nous traînons les pieds docilement. Je me sens perdu dans de tels endroits.

Et pourquoi mes enfants semblent-ils les seuls à ne pas être sages, précisément pendant ces sorties ? Les enfants des autres semblent pouvoir se contenir. Mais soyons-en sûrs, tous les parents traversent les mêmes épreuves. Si seulement nous les avions emmenés dans un pré ! La vie aurait été plus simple.

Ensuite, c'est l'enfer du retour à la maison. Les enfants et les parents sont énervés et exaspérés. Les enfants veulent toujours rester plus longtemps que les parents : « Bon, on y va. » « Ooooohhh ! Pourquoi, pourquoi, pourquoi ? » Les enfants voient leur taux de glucose dans le sang baisser après avoir atteint un pic suite à une surconsommation de sucreries. À l'arrière de la voiture, ils se donnent à nouveau des coups de pieds, se tirent les cheveux les uns des autres et se chipent leurs jouets. La menace de les abandonner sur le bas-côté semble n'avoir aucun effet. Même lorsque j'arrête la voiture, ils continuent à se disputer. La meilleure politique, même si elle est difficile à mener, est de les ignorer. Un jour, Victoria et moi-même étions trop fatigués pour les disputer. Après une bagarre, ils se sont miraculeusement tus, sans aucune intervention de l'autorité parentale. Nous intervenons sans doute trop souvent. De toute façon, je ne sais jamais qui a commencé, qui était en tort, qui avait raison. J'essaie sans grand succès de jouer le juge impartial. Les cas individuels sont toujours convaincants. À la maison, je dis : « Ok, je quitte la pièce. Je reviens dans trois minutes. Vous allez régler cela entre vous. » Étonnamment, cela marche.

Après le dîner, au cours duquel les enfants se seront comportés de façon consternante, on doit leur faire prendre un bain et les coucher. La soirée nous réserve deux heures, passées à boire. Épuisés, nous nous effondrons dans notre lit à dix heures et demie, appauvris et désillusionnés.

La façon de faire oisive est bien différente.

Les vrais délices de l'oisiveté consistent à rester à la maison. Chez vous, vous êtes libre. Vous pouvez créer votre propre divertissement, sans débourser un centime. Vous pouvez laisser les enfants gambader pendant que vous lisez un livre. Tout un monde d'aventure et d'apprentissage se trouve sous votre toit et au seuil de votre porte. Nous restons souvent à la maison tout le week-end. Un beau jour, j'étais dans mon fauteuil en train de lire une biographie de William Morris. Henry jouait par terre avec ses tracteurs, Delilah découpait des bouts de papier et Arthur lisait un livre. Plus tard, j'ai fabriqué avec Delilah une paire de lunettes à partir d'un paquet de céréales. Les enfants aiment fabriquer des objets et avoir les mains occupées. Les gens ont peur de rester à la maison car ils craignent que les enfants s'ennuient. Nous recherchons des stimulations extérieures et nous ne comprenons pas que chacun d'entre nous détient une réserve immense et inexploitée de créativité. Laissons les choses se faire. Nul besoin de quitter la maison. Nous croyons nous amuser dans un parc d'attractions, mais il s'agit d'un amusement aliénant car il est passif. Il est fidèle au modèle de la société moderne : de longues périodes d'ennui entrecoupées par de brèves et rares phases d'excitation. Le seul effort demandé est de sortir notre portefeuille. Les manèges nous fournissent une parodie de plaisir contre de l'argent. À la maison, vous pouvez jouer au Scrabble, manger par terre, construire des cabanes ou vaquer à vos affaires en solitaire pendant que les enfants vivent leur vie autour de vous. Inutile de jouer avec eux. Mon ami James ne joue pas avec son fils. Je lui ai alors demandé de s'expliquer :

« La négligence féconde est ma politique : laisser l'enfant à ses propres moyens et moi aux miens. Il peut développer les compétences solitaires qui lui seront utiles dans les futurs aéroports, salles d'attente, prisons. Cette idée m'est venue tout simplement car je trouve débilitants pour moi-même les jeux d'enfants avec de minuscules figurines articulées et les mouvements arbitraires et despotiques de l'esprit d'un enfant. Cela a un effet positif : dans de grands moments de magnanimité, je m'abaisse à jouer avec eux et ils m'en sont très reconnaissants. »

En ce qui concerne les musées, nos pays sont émaillés de petites structures originales présentant plus de charme et d'intérêt que les grands musées. Si vous voulez vous relaxer sans faire une grande sortie, optez pour les petits musées. J'ai ainsi découvert l'autre jour, en vagabondant dans les rues de Londres, un merveilleux petit musée de curiosités à Gower Street, dénommé le Grant Museum. Il contient cinquante-cinq mille spécimens rassemblés dans une grande pièce. Des crânes d'éléphants et des grenouilles dans des bocaux. Il n'y a personne, et tout est arrangé dans le style d'un cabinet privé d'un explorateur du XIXe. Et pas de boutique à la sortie !

Vous pouvez aussi réaliser votre propre musée. J'ai eu l'idée d'une chambre des horreurs. J'ai accroché plusieurs affreux cadeaux de Noël sur le mur, comme une cravate décorée de champignons phosphorescents offerte par mon père. Quand je les montre, je les éclaire avec une bougie les uns après les autres en poussant un cri d'horreur pour chacun. Mettez des objets sur des étagères, achetez un filet à papillons. L'histoire naturelle est partout et pas seulement au Muséum d'histoire naturelle. Rappelez-vous la phrase de Nabokov : « Mes plaisirs sont les plus intenses que puisse connaître l'homme : écrire et chasser le papillon[1]. » Au lieu d'aller au parc d'attractions,

1. Vladimir Nabokov, *Partis pris*, traduit de l'anglais par Vladimir Sikorsky, Paris, Laffont, 1999.

construisez une cabane. Nous avons réalisé la nôtre principalement avec des matériaux trainant aux alentours, pour cinquante livres sterling. Explorez votre maison, votre rue, votre jardin. Inutile d'aller plus loin. Votre maison peut être pleine d'aventure ; pour que votre sensibilité d'adulte reste stimulée et pour vous prévenir de tout ressentiment envers vos enfants, gardez un bon livre à portée de main – poésie, essai, roman. Les romans courts conviennent bien, et les nouvelles plus encore.

Vous pouvez consacrer le temps que vous passez avec vos enfants à vous instruire vous-même. Apprenez à dessiner des animaux en vous inspirant d'images trouvées dans des livres. J'ai ainsi appris à dessiner un crabe et une écrevisse pendant des vacances en Cornouailles. Une fois que vous réduisez le dessin à des formes élémentaires, vous pourrez l'enseigner aux enfants et ils seront ravis de leurs résultats. Nous déléguons trop l'apprentissage et l'éveil de la créativité aux écoles. Vous pouvez leur apprendre à la maison, sans que cela soit une épreuve mais au contraire un plaisir partagé. Assurez-vous que vous vous amusez. Agir uniquement pour les autres nourrira votre ressentiment et peut dégénérer en cancer. Si vous êtes malheureux et si vous agissez par devoir plutôt que par amour et par générosité, les autres vont le ressentir. Lorsque les enfants rentrent de l'école, tenez-vous assis à la table de la cuisine, et non devant l'évier à faire la vaisselle. Donnez-leur un bon exemple d'oisiveté.

Un autre conseil important concerne les sorties : faites des groupes. Toute combinaison familiale sera préférable à l'entassement de tous dans un habitacle en métal. Je préférerais partir avec les trois enfants tout seul, car je fais ce que je veux. Personne pour contester, personne sur qui se défausser. La responsabilité est pleinement vôtre. Cela donne un peu de répit à Victoria. Je préfère garder les enfants tout seul pendant trois jours si elle a besoin de se reposer ou d'aller changer d'air chez des amis. Vous vous donnez pleinement à la tâche sans espérer plus ou moins que l'autre fera le travail. Après, ce sera à mon tour d'avoir trois jours seul. Des pauses loin l'un de l'autre sont essentielles.

Ou séparez-vous en deux groupes. Mes enfants se comportent mieux lorsqu'on les sort de la famille nucléaire, par nature conflictuelle. Hors de cette institution, ils deviennent des personnes que l'on respecte, plutôt que des membres de la famille censés jouer leurs rôles habituels.

J'ai emmené Arthur voir sa grand-mère et cette sortie s'est très bien passée. Vous m'accuserez de trahir mes principes, mais nous nous sommes rendus également à cette occasion à quelque parc d'attractions aux alentours.

Une fois remis de ma très profonde déception causée par l'absence de tout flipper dans ce parc et l'omniprésence de machines tentatrices avec des piles de pièces de deux pennies toujours sur le point de s'écrouler, nous avons dégusté des glaces et nous nous sommes rendus au bout d'un port. Nous avons trouvé dans la galerie Penny Arcade d'antiques machines à sous. La technologie ancienne a plus de charme que la nouvelle. Penny Arcade est le fruit d'une passion de son propriétaire, contrastant avec le vol en bande très bien organisée du port. Arthur a déclaré que c'était le meilleur moment de la journée. Pas de gémissements ni de disputes ! C'était un bonheur de passer du temps ainsi avec lui. Il en va de même pour nos autres enfants. Maintenant que nous en avons trois, être avec seulement l'un ou deux d'entre eux est un bol d'air frais. Alors je vous en conjure : répartissez-vous en groupes ! La vie sera plus facile, restez à la maison et envoyez votre conjoint au loin pour le week-end. Décrochez, comme on dit. Ne faites rien. Laissez les choses venir. Tenez-vous à table, discutez et voyez ce qui arrive. Vous serez étonné de la créativité qui sortira des esprits des enfants et du vôtre si vous vous taisez et écoutez. L'idée publicitaire d'une famille heureuse en vacances est un mythe.

Mais le bonheur en famille n'est pas impossible. Ce serait appréciable si, une fois à l'âge adulte, vos enfants disaient à leurs amis : « J'ai eu une enfance heureuse. » Cela vaut plus que toutes les dépenses en sorties, activités, jouets, super diplômes scolaires ou sportifs. Assurez-vous que vos enfants aiment leur vie de tous les jours. La meilleure façon d'y parvenir est la négligence bienveillante, une sorte de respect positif vous laissant répondre présent en cas de besoin. Ne vous souciez pas de l'avenir. Profitez de la vie avec eux maintenant. Libérez-les.

Je déconseillerais le perfectionnisme en ce qui concerne l'aménagement intérieur, en particulier quand les enfants sont en bas âge. On peut investir beaucoup de réflexion, de travail et d'argent dans la décoration pour la voir ensuite très rapidement détruite par des gosses. Nous avions décidé de ne pas avoir une maison proprette tant que les enfants vivraient sous notre toit : une philosophie adaptée au parent oisif car cela lui épargne du travail. Il y a trois ans, nous avions réalisé des décorations. Et deux jours après, les enfants avaient dessiné de grands motifs circulaires et des croix sur les murs et les portes. J'étais vert de rage. Mais aujourd'hui, les murs de leurs chambres sont barbouillés d'écritures. Je me dis : bien, voilà une chambre dont nous n'aurons pas à nous soucier. Laissez tomber. Vous aurez bien des occasions de réaliser une maison magnifique plus tard. Oubliez la maison idéale et adoptez la maison oisive. Oubliez les magazines de décoration intérieure qui vous donnent des complexes. Finis, les dépenses et les soucis. Cela ne signifie pas dire adieu au style, mais des murs blanchis à la chaux, avec des tableaux et un géranium feront durablement l'affaire. Nous avons remplacé toutes nos chaises cassées par deux bancs qui traînaient. Cela nous a permis de désencombrer la cuisine et de lui donner une allure médiévale. J'aime le style médiéval. Un coffre. Quelques meubles en bois. Des murs unis. Des tentures accrochées çà et là.

13

Comment apprécier l'heure du repas

Avec quelques réflexions sur les bonnes manières

« Les gens ne devraient pas tant penser à ce qu'ils font, ils devraient penser à ce qu'ils sont. »

Maître Eckhart (1260-1327) [1]

Les repas en famille peuvent être des moments éprouvants. Le garçon de huit ans, incapable de se tenir assis tranquillement, se trémousse sur sa chaise. Le petit sauvage de trois ans balance la nourriture au travers de la pièce ou la plonge dans son verre d'eau. La petite fille de six ans chouine : « Henry a le bol à rayures. Moi, je ne l'ai jamais. » Comment avons-nous donc pu engendrer de tels comportements et pourquoi les enfants se tiennent-ils si mal à table ? Et pourquoi nous énervons-nous autant ? Faut-il se soucier des bonnes manières à table ? Les familles ne dînant jamais ensemble autour d'une

1. Maître Eckhart, *Sermons-Traités*, traduit de l'allemand par Paul Petit, Paris, Gallimard, 1961, p. 162-163.

table mais sur le sofa devant la télévision auraient-elles raison ? Pourquoi Victoria et moi accordons-nous tant d'importance à cette question ? C'est que les repas pris en commun peuvent être un plaisir. Papa peut laisser libre cours à son humour pince-sans-rire. Les enfants peuvent rire en chœur. Papa et maman peuvent préparer les repas ensemble avec plaisir. Et nous, les parents oisifs, nous voulons résister à l'atomisation des repas où chacun mange quelque chose de différent dans son coin. Le parent oisif recherche l'harmonie, pas la division.

Abordons tout d'abord le sujet des bonnes manières. A. S. Neill pensait que nous accordons trop d'importance aux manières à table. Il pensait que les enfants acquièrent les bonnes manières par l'exemple et non par la contrainte. Nos enfants ont tendance à mieux se comporter chez les amis qu'à la maison.

Neill fait la distinction entre les bonnes manières et l'étiquette. Les manières sont le résultat d'une âme calme et généreuse : « Les manières ne peuvent pas s'enseigner, car elles ont leur siège dans l'inconscient. L'étiquette, par contre, peut être enseignée car elle appartient au domaine du conscient. C'est le vernis des manières. […] Les manières artificielles sont la première couche de vernis hypocrite qui disparait dans une atmosphère de liberté. […] À Summerhill, on ne leur demande rien, pas même de dire "merci" ou "s'il-vous-plaît". Pourtant, nos visiteurs s'exclament toujours : "Que leurs manières sont plaisantes !" [1] »

Je suis d'accord avec Neill sur la théorie. Rien de plus désagréable que le parent harcelant son enfant quand on lui donne quelque chose : « Qu'est-ce qu'on dit au Monsieur ? »

1. A. S. Neill, *Libres enfants de Summerhill*, traduit de l'anglais par Micheline Laguilhomie, Paris, La Découverte, 2004.

L'enfant marmonnera d'un air narquois : « Merci. » En pratique, ce n'est pas facile. J'ai essayé d'ignorer les mauvaises manières, mais j'échoue à la première occasion. Lorsque je vois Arthur gigoter à table, incapable d'utiliser son couteau et sa fourchette, mangeant avec les doigts, mon puritain intérieur perd patience.

Nous semblons tous mal nous comporter à la maison. Aujourd'hui par exemple, j'ai balancé une paire de bottes à la tête d'Arthur. Il m'avait demandé en pleurnichant de le porter jusqu'à la voiture pour lui épargner le désagrément d'avoir à mettre ses bottes et de marcher. Alors j'ai perdu mon sang froid. Victoria, ayant vu le visage de notre fils plein de boue, s'est emportée contre moi. À juste titre. Après tout, qui est le responsable de ce manque de courage chez mon fils, si ce n'est moi ? Nous devrions nous concentrer sur notre propre plaisir en étant nous-mêmes plutôt que d'essayer de changer les actions des autres autour de nous.

Nous autres parents, nous faisons des choses affligeantes et nous devrions améliorer nos propres manières envers les enfants et notre conjoint, avant d'imposer la courtoisie de façon autoritaire. Après tout, si les enfants voient les parents se comporter de façon irrespectueuse l'un envers l'autre, ils nous imiteront. Pouvons-nous vraiment exiger de nos enfants bonnes manières et respect d'autrui ? Neill répond clairement par la négative : « Quand une personne éprouve du respect, elle ne s'en rend pas compte. Mes élèves peuvent me traiter d'idiot quand ils le veulent ; ils me respectent parce que je respecte leur jeunesse, non pas parce que je me tiens, tel un faux dieu, sur un piédestal [...] Mes élèves et moi-même avons un respect mutuel parce que nous nous approuvons mutuellement [1]. »

1. A.S. Neill, *ibid.*

Auparavant et aujourd'hui encore dans les cultures traditionnelles, on accorde de l'importance à la courtoisie dès le plus jeune âge. Il existe de bons guides médiévaux sur les bonnes manières à table. Un poème du Moyen Âge tardif, intitulé « Ce qu'une bonne épouse enseigne à sa fille », donne ces conseils :

« Ne point trop parler, les jurons éviter
Car de telles manières donnent des fruits mauvais [1]. »

Dans *Le Roman de la rose*, nous trouvons une dissertation sur les bonnes manières à table destinée à la maîtresse de maison :

« Ne boyve pas à une alaine,
N'ait hanap plain, ne coupe pleine
Mais boyve petit et souvent [2]. »

Au XIIIe siècle, l'élégance des manières contribuait à l'harmonie sociale. Alors que je suis d'accord avec Neill au sujet des bonnes manières en général, je ferai une exception en ce qui concerne l'étiquette prônée par les médiévaux. Nous tirerions profit d'un rituel au moment des repas. Aujourd'hui, nous nous jetons sur la nourriture dès qu'elle est mise devant nous, sans aucune action de grâces ni le moindre rituel. Le rituel a du bon dans le sens où il nous ralentit et libère un espace pour la réflexion. Nous avons besoin de prendre du temps durant les repas. Moins de télévision, plus de temps à table.

Les simagrées que font les enfants au sujet de la nourriture nous rendent fous, Victoria et moi. Après que Victoria

1. Cité par Barbara A. Hanawalt, *Growing Up in Medieval London: The Experience of Childhood in History*, Oxford, Oxford University Press, 1995. Notre traduction.

2. Guillaume De Lorris & Jean De Meun, *Le Roman de la Rose*, Paris, Livre de poche, 1992, v. 14205-14207.

a passé une heure à préparer une gamme de plats délicieux, il est décourageant, sinon enrageant, d'entendre notre petit enfant occidental gâté dire :

« C'est dégueulasse. Beurk. » suivi d'un crachat théâtral et de la prise d'un verre d'eau.

« Je déteste le chou-fleur, le brocoli, les raisins secs, les pommes de terre, les pâtes, la tourte au poisson… »

Ah, leurs pénibles listes de goûts et de dégoûts. « Vous croyez que ça m'intéresse ? » demande mon amie Alice, lorsque ses enfants commencent à égrener leur liste de préférences. Les enfants ont si peu de contrôle sur leurs existences sur-réglementées qu'ils en viennent peut-être à exercer leur pouvoir dans ce petit domaine. On leur a trop souvent laissé le choix en la matière. Nous leur demandons tout le temps s'ils souhaitent telle chose au lieu de leur donner directement, sans leur demander leur avis. Il faudrait revenir à la façon de faire médiévale. Donnez-leur une assiette vide – ou mieux, un morceau de pain, cela fera moins de vaisselle – et placez la nourriture au milieu de la table, coupée en petits morceaux, à la façon des tapas. Laissez-les ensuite se servir avec les doigts. Mettez à leur disposition des bols d'eau de rinçage aromatisée à la rose. Voilà une méthode éprouvée, alors que le refus d'une assiette preremplie par les parents est trop tentant pour l'enfant désireux d'exprimer un désir d'indépendance.

Songeons à la façon dont nous développons chez eux les goûts et dégoûts dès leur plus tendre enfance : « Veux-tu de l'eau ? Non ? Du jus de fruits, peut-être ? De pomme ? Non ? D'orange, alors ? Dans la tasse bleue ? Non ? La rouge ? Ne la jette pas par terre, Henry. Si tu fais cela, tu sors de table. Henry, m'as-tu bien entendu ? » Et ainsi de suite.

Chez nous, nous sommes devenus pingres et ascétiques. Parce que cela rend la vie plus facile. Nous mettons sur la table une carafe d'eau, mais pas de jus de fruits. Ils s'y font rapidement. Mon but est de créer dans notre cuisine une école à la Dickens comme dans *Nicholas Nickleby*. La famille est soigneusement alignée sur les bancs, mangeant et buvant avec reconnaissance tout ce qui est mis sous ses yeux : eau, porridge, pain. C'est tout !

Essayons de proposer une alimentation simple. Si nous consacrions moins d'efforts à cuisiner, nous serions moins déçus lorsqu'ils gémissent : « J'aime paaaaas. » Je nourris mes enfants avec des haricots rouges en boîte sur du pain quand je suis seul avec eux. Ils aiment ce plat facile à cuisiner. Et même si nous consommons rarement des plats préparés, nous faisons des exceptions et nous gardons des pizzas au congélateur pour les jours où nous n'avons pas envie de cuisiner.

De la simplicité et du bon pain : voilà la solution recommandée par John Locke. Du pain fait maison, pas le pain industriel. Locke conseillait un régime végétarien pour les plus jeunes jusqu'à deux ou trois ans.

Pour le petit déjeuner, Locke conseille les bouillies de céréales « très modérément assaisonnées de sucre ou, mieux, sans sucre du tout [1]. » Le porridge est ce qu'on appelle un superaliment, apprécié par nos enfants, surtout lorsqu'il est arrosé de sirop d'érable. Nous achetons les flocons d'avoine dans des sacs de dix kilos. Pas de céréales industrielles. Locke est un fan du pain bis : « J'inclinerais à croire qu'un gros morceau de pain bis, bien pétri et bien cuit, tantôt sec, tantôt avec du beurre ou du fromage sera souvent pour l'enfant le meilleur des déjeuners [2]. »

1. John Locke, *Quelques Pensées sur l'éducation*, traduit de l'anglais par Compayré, Paris, Vrin, 2007, § 14.
2. *Ibid.*

C'est vraiment facile. Plutôt que d'avoir à choisir entre cinq céréales au petit déjeuner – c'est une table d'hôte, ici ? – laissez-les manger du porridge et du pain. Vous pouvez également cuisiner du bon bacon et des œufs. Voyez comme il est facile de vivre le genre de vie recommandé aux jeunes gens par l'un des plus brillants philosophes du XVIIe siècle !

Et autre surprise, Locke est opposé aux repas à heure fixe !

« Quant aux repas de l'enfant, j'estime que le mieux serait, autant qu'on pourra le faire commodément, de ne pas les fixer toujours à une même heure. En effet, si l'habitude est prise de manger à des intervalles parfaitement réglés, l'estomac réclamera des aliments à l'heure ordinaire ; l'enfant sera de mauvaise humeur si l'heure passe sans qu'il ait mangé, et son estomac, ou bien sera en proie à un violent accès de faim, ou bien s'engourdira dans un manque complet d'appétit. Je voudrais donc qu'il n'y eût pas d'heure fixe pour son déjeuner, son dîner et son souper, et qu'au contraire on changeât l'heure de ses repas presque chaque jour. Si, dans l'intervalle des repas proprement dits, l'enfant demande à manger, donnez-lui, aussi souvent qu'il le voudra, des morceaux de pain sec [1]. »

Voilà un texte libérateur. Trop souvent, les manuels pratiques pour les bébés et les enfants prescrivent des horaires stricts pour les repas. Mais précisément, l'adoption trop rigide d'horaires fixes peut poser problème. Nous prenons du retard et nous hurlons si nos enfants traînent alors qu'ils ne font qu'exprimer leur besoin de profiter du moment présent. Rejeter les horaires fixes, autant que possible, au profit d'une joyeuse anarchie semble un excellent programme.

1. John Locke, *op. cit.*, § 15.

Abordons maintenant le sujet de la prise de parole au cours des repas. Les Indiens Yekwanas et les familles de Lark Rise évoquées par Flora Thompson dans son ouvrage sur la vie rurale à la fin du XIXe siècle [1] ont l'habitude de prendre leurs repas plus ou moins en silence. Même si cela peut sembler une bonne idée à titre occasionnel, notre famille aime les repas accompagnés de rires bruyants. C'est un temps béni pour raconter des blagues et des histoires drôles. Faites des repas un moment agréable et les enfants seront heureux de se mettre à table. C'est une occasion pour apprendre aux enfants à bien s'exprimer et à écouter sans interrompre. Les enfants du XVIIe siècle semblaient avoir, comme ceux d'aujourd'hui, du mal à attendre leur tour pour prendre la parole :

« C'est la disposition à interrompre les gens, quand ils parlent, et à les arrêter dans leurs discours par une contradiction [...] Or il n'y a rien de plus grossier que d'interrompre dans son discours un homme qui parle [...] Que les jeunes gens s'habituent donc à ne pas jeter leur propre opinion à la traverse des opinions des autres, jusqu'à ce qu'on les ait priés de donner leur avis, ou que les interlocuteurs, ayant achevé de parler, gardent le silence et encore qu'ils n'interviennent que par des questions, pour s'instruire eux-mêmes, sans prétendre instruire les autres [...] la manie d'interrompre dans les discussions, et le goût des querelles bruyantes ne sont que des défauts trop fréquents chez les grandes personnes, même dans la meilleure société [2]. »

Pour Locke, c'est la bête noire. Mais on peut difficilement être en désaccord. Locke poursuit en donnant l'exemple de la

1. Flora Thompson, *Lark Rise to Candleford*, Londres, Penguin, 2008. Non traduit.

2. John Locke, *op. cit.*, § 145.

culture indigène aux Amériques, pour prouver qu'il est possible de mieux se comporter.

« Les Indiens, que nous traitons de barbares, observent plus de convenance et de politesse dans leur discours et dans leurs entretiens. Ils écoutent celui qui parle, avec attention, et sans rien dire, jusqu'à ce qu'il ait fini de parler, et alors seulement ils répondent avec calme, sans fracas et sans passion [1]. »

D'une certaine manière, dans la conversation comme dans les affaires, le monde dit civilisé a introduit le conflit plutôt que l'harmonie comme principe phare. Je suis sûr que Locke aurait été choqué par la grossièreté de certains de nos interviewers à la radio et par certains des sujets abordés. Un autre point clef est d'obtenir de l'enfant qu'il regarde son interlocuteur dans les yeux quand on lui parle. Je ne supporte pas qu'ils aient les yeux rivés au sol, l'air absent.

Si les enfants ont un sens inné de leur dignité et de la résistance à l'autorité, cela a du sens de les impliquer dans la préparation des repas. Ils seront alors moins tentés d'afficher une mine de dégoût devant leur assiette. Je recommande de faire le pain soi-même, tâche accessible à tous. Faire son pain maison est une tâche réjouissante et satisfaisante. Même un enfant de trois ans peut aider à pétrir la pâte. Henry fait ses propres petits pains qu'il aime manger. On peut encourager les enfants à personnaliser leur recette en ajoutant des raisins secs, des noisettes, des flocons d'avoine, des graines, des pépites de chocolat… Ils créent alors leur propre recette et peuvent lui donner un nom : « Le Pain Merveilleux d'Arthur ». Et décorer le dos du pain.

Supprimons la distinction entre le travail et la vie domestique. J'aimerais que mes enfants ne fassent pas la différence

1. *Ibid.*

entre le travail et le jeu : imaginez s'ils pouvaient aimer faire la vaisselle autant qu'aller au cinéma ! C'est sûrement possible. J'essaie d'impliquer toute la famille dans cette activité : je lave, les deux plus jeunes sèchent et le plus âgé range. C'est plus facile avec le cadet âgé de trois ans, car on ne lui a pas encore dit que c'était désagréable. Pour lui, toute activité est un jeu. Il n'a pas encore appris à discriminer et à hiérarchiser. Ce n'est pas toujours facile avec les deux autres. Arthur a tendance à traîner, ce qui me donne envie de lui hurler dessus. La vaisselle n'a pas l'air de lui déplaire pour autant, comme il transforme tout en un jeu, inventant des systèmes de ficelles et de poulies. Nous avons commencé à faire la vaisselle à la main le jour béni où notre lave-vaisselle est tombé en panne. Je faisais campagne depuis des années pour que l'on se débarrasse de cette machine laide, bruyante et énergivore. Cet engin anéantit l'idée même de faire la vaisselle en famille. Pourtant, cela prend seulement quinze minutes. Ce n'est pas toujours facile de convaincre tous les enfants, car ils résistent à toute instruction. Mais une fois la main à l'ouvrage, cela peut leur plaire. L'union fait la force et vous pouvez écouter de la musique ou chanter.

Je songeais aux raisons pour lesquelles Arthur résistait tant à donner un coup de main pour faire la vaisselle. J'en ai conclu qu'il nous avait entendus nous plaindre et qu'il avait ainsi appris que la vaisselle présentait peu d'intérêt. Je me suis donc résolu à montrer que je m'amuse en faisant la vaisselle, en chantant tout en lavant, comme pour tout travail d'ailleurs. Vous pourrez ainsi leur apprendre à travailler pour vous !

Cultiver les légumes est aussi une façon d'apprendre aux enfants à apprécier la bonne nourriture. Commencez par leur demander ce qu'ils aimeraient cultiver. Les petits pois marchent à merveille. « Vous n'aurez jamais assez de petits pois » disait très justement John Seymour. Leur consommation est amusante et nourrissante. Leurs gousses sont même compostables ! Ils ont un bon gout sucré. Les enfants aiment écosser tout en croquant une cosse ou deux. Et ils peuvent en manger à volonté. C'est un des légumes les plus anciennement cultivés. Cette année, je vais en semer trois fois plus que l'année dernière. C'est facile, il n'y a pas besoin de compost mûr. Vous n'avez qu'à creuser un sillon là où vous allez les semer. Recouvrez-les d'une couche de terre. La variété "Merveille de Kelvedon" donne de très bons résultats, comme la variété grimpante "Alderman". Protégez-les contre les volatiles. Dont vos poules. Les nôtres ont saccagé les plates-bandes de petits pois, les picorant et prenant leurs bains de poussière au même endroit. Nous apprécions les variétés violettes françaises, grimpantes, qui verdissent à la cuisson. Plus vous cultiverez votre potager, plus vous impliquerez les enfants et mieux ce sera. Ils apprendront à aimer les légumes en sachant d'où ils viennent. C'est moins cher que de les acheter, et le jardinage est une activité gratuite, contrairement aux parcs d'attractions. Ils apprendront bien davantage en jardinant. Apprenez-leur à ramasser les limaces contre monnaie sonnante et trébuchante, ou à semer des graines. Henry aime bien transporter de la terre dans sa petite brouette.

Alors, cuisinez maison et essayez de cultiver ce que vous cuisinez. Laissez les enfants préparer des gâteaux et du café. Réapprenez avec les enfants les arts de la vie domestique. Encouragez les bonnes manières par l'exemple. Et si vraiment cela ne marche pas, *par la force brute* !

14

Laissez les animaux s'occuper des enfants pour vous

« Pour qu'un homme devienne digne de confiance, il aura dû prendre dès son enfance l'habitude d'être doux et attentionné envers les animaux ; et il acquerra cette excellente habitude s'il a vu dès sa naissance ses parents prendre grand soin des animaux et s'il a pu prendre soin d'un animal à lui. »

William Cobbett [1]

« Je n'aime pas la boue ! » hurle ma mère lors d'une de ses rares visites à notre ferme. « Je n'aime pas. Et pourquoi donc avez-vous tous ces animaux ? » La philosophie de ma mère peut être définie comme une philosophie anti-nature. Elle croit que grâce à un dur travail et à l'ingéniosité humaine, la boue, les poules se promenant dans la cuisine, le froid, l'humidité et tout le désordre naturel seront remplacés par

1. William Cobbett, *Cottage Economy*, Oxford, Oxford University Press, 1979. Notre traduction.

des jolis pavés, des supermarchés et du chauffage central. Elle aime les espaces bien organisés, bien rangés et sans une trace de boue. Elle veut conquérir la nature. Elle vit dans un monde de chrome miroitant et d'appareils ménagers en plastique blanc. Elle déteste les animaux.

Quand j'étais enfant, nous n'avons jamais eu de chat ou de chien. Je fus toutefois autorisé à avoir un hamster nommé Toby. Puis un autre hamster, une petite créature nerveuse dénommée Claude. Après Claude, nous avons eu une gerbille appelée Kevin. Elle vivait derrière les appareils de notre cuisine et sa courte et palpitante existence s'est terminée quand mon père lui a marché dessus. « Il s'est précipité sous mon pied » commenta mon père en guise d'explication.

Quand nous avons déménagé dans notre ferme délabrée, j'eus enfin la liberté d'avoir des animaux dignes de ce nom. Les premiers furent Milly et Mandy, deux chattes écaille et blanc. Ces deux minettes d'une même portée ont souffert des traitements infligés par nos enfants. Elles ont été jetées par la fenêtre du premier étage, ils leur ont tiré la queue. Ils se sont assis dessus et elles ont été pourchassées. Mais elles n'ont pas pris leur revanche. Les animaux semblent sentir quand leur agresseur est un enfant, alors ils ne mordent ni ne griffent. Une ou deux fois seulement les minettes ont-elles donné un coup de dent quand nos enfants l'avaient vraiment cherché. J'ai souvent souhaité qu'elles aient plus de répondant afin de donner aux enfants une bonne leçon.

Il est vrai que les chats peuvent émettre des odeurs repoussantes. La découverte de crottes de chat toutes molles sous le bureau le matin n'est pas une façon agréable de commencer la journée. Et il est parfois impossible de trouver la source de la puanteur. Je me suis souvent mis dans des colères noires après avoir découvert des crottes dans la maison. Nous mettons les chats dehors dès que l'occasion se présente pour les retrouver en train de miauler piteusement à la fenêtre de mon bureau, jusqu'à ce que je m'apitoie et que je les laisse rentrer. Elles s'installent alors devant le feu de cheminée et dorment toute la journée.

Les chats ont donc leurs inconvénients. Mais ils ont de nombreuses qualités. Ce sont de bons chasseurs. Depuis leur arrivée, nous n'avons pas aperçu un seul rat ou une seule souris dans la maison. Ils attrapent aussi d'autres créatures. Ils nous ont hélas laissé de nombreux rouges-gorges morts sur notre seuil de porte. Et des grenouilles décapitées. Ils torturent et tuent des lézards. Les minettes ont un jour tué une chauve-souris et des musaraignes. Un autre jour, j'ai surpris Mandy en train de manger un lapin sauvage sous notre voiture. Elle n'en a laissé que la boule de la queue blanche.

Mais les chats sont d'une aide réelle avec les enfants. Delilah les aime beaucoup. Elle prend Milly dans son lit et la porte avec elle comme une poupée vivante. Delilah a des crises sentimentales. « J'aime tous les animaux. Pas que les jolis. Les rats aussi. » Elle a pleuré le jour où je lui ai montré le rat que j'avais tué avec mon fusil. Il va sans dire que les enfants aiment prendre soin des animaux, les nourrir, leur donner de l'eau et les caresser. Ils aiment les regarder jouer et chasser. Le crépuscule semble être le moment où les chats sortent pour batifoler, piquer des sprints ahurissants dans la cour et sauter silencieusement dans les arbres avec grâce et agilité. Cela me fait penser à la bande dessinée *Le Chat de Fat Freddy* où Fat Freddy, un hippie propriétaire d'un chat, danse joyeusement en tenant une ficelle pour que le chat l'attrape. Lorsque le jeu est terminé, le chat s'en va et se dit : « C'est fou comme ces humains peuvent s'amuser avec un simple bout de ficelle. »

Et pour terminer au sujet des chats, ce sont de très belles créatures à avoir chez soi, de vrais coussins mobiles qui s'installent dans des positions improbables sur nos chaises et canapés.

Passons aux lapins. Notre premier lapin était une lapine appelée Rosie Blossom Brownpatch. Elle vivait dans notre cuisine. Charmante et amicale, il lui arrivait de manger les rideaux, mais elle était propre et amusait bien les enfants – et même ma mère. Delilah en raffolait. Mais un jour, cela a mal tourné. « Maman l'a tué ! » s'est écriée Delilah. Maman avait effectivement écrasé une patte de la lapine en roulant dessus avec la voiture. La vétérinaire nous a dit que cela coûterait 900 livres sterling pour l'opérer, alors nous avons préféré la faire euthanasier, ce qui a tout de même coûté 100 livres. Nous avons tous pleuré, sauf Arthur, qui nous a froidement suggéré d'en acheter une autre, ce que nous avons fait. Nous avons donc accueilli Lizzie Molly Flower Fast Bunny. Elle était mignonne, mais d'un autre tempérament que la précédente. Nous l'avons laissé vivre sa vie dehors, du jour où elle en a manifesté l'envie. La lapine de notre voisin, Felicity, vivait également en plein air. C'était amusant de voir les deux lapines courant en tous sens. Elles se cachaient dans des trous dans la grange. Chaque soir, elles venaient dans la cour avec les autres animaux et nous profitions du spectacle du poney, des poussins, des lapines et des chats jouant ensemble. Notre voisin fermier était étonné que deux lapins puissent survivre dans un état semi-sauvage. Après deux années de cette ménagerie fantastique, les deux lapines disparurent à deux jours d'intervalle. On n'a jamais su si elles avaient été boulottées par le renard qui venait juste de piller notre poulailler ou par le rapace que j'avais vu tournoyer dans les airs – ou si elles s'étaient ensauvagées en suivant un lièvre. À l'intérieur ou à l'extérieur, le lapin est un bon animal de compagnie : drôle, joli, mignon et de la bonne taille pour des enfants. « De tous les animaux, les lapins sont les préférés des garçons » selon William Cobbett.

Les lecteurs désireux de vivre de façon frugale devraient envisager l'élevage de lapins pour se nourrir. Cette pratique a été encouragée pendant la Seconde Guerre mondiale. Tout le monde sait que les lapins se reproduisent à grande vitesse et que leur chair est délicieuse. « Trois lapines et un lapin, disait Cobbett, vous donneront à manger tous les trois jours pendant un an. » Le lapin fournit une fourrure appréciable. Pourquoi ne pas coudre les peaux ensemble et confectionner un petit manteau pour enfant ? Manger des animaux élevés chez vous enseignera aux enfants que ces morceaux de viande proviennent d'un vrai animal. Et si vous voulez manger de la viande, ne devriez-vous pas vous préparer à prendre la responsabilité de la vie et de la mort de l'animal ?

Nous avons élevé des poules pour les œufs et des cochons pour la viande, ce qui nous a permis d'économiser beaucoup d'argent. Ces deux animaux améliorent la vie de tous les jours. Les poules sont des créatures curieuses, belles et divertissantes. Songez à la place de ces gallinacés dans l'art, en particulier le *Jardin avec des coqs* de Gustave Klimt. Ils offrent un attrayant mélange de dignité et d'innocence. Nos poules courent de façon comique lorsque Poppy, notre labrador noir, les pourchasse. Courir après les poules a fourni à nos enfants un amusement sans fin. Arthur a également appris comment les attraper (les plumes de la queue en premier). Il a attendu qu'il fasse nuit et que toutes les poules soient sur le perchoir dans la grange. Il en a attrapé une par derrière et a découvert avec stupeur que lorsque vous la déplacez, sa tête reste dans le même axe. Essayez et vous verrez.

Monsieur le coq est particulièrement magnifique. Nous avons décidé d'en avoir un sur le conseil de John Seymour qui écrit : « Les poules aiment la bagatelle autant que nous. » Le coq protège les poules et permet d'avoir des poussins. Quand vous venez les nourrir, il prévient les poules que c'est l'heure de manger. Il se met en retrait et attend que toutes les poules aient commencé à picorer avant de s'approcher pour prendre sa part. De temps à autre, il saute sur une poule ; ce qui donne une leçon de reproduction aux enfants. « Regarde papa, m'a dit un jour Arthur sans le moindre ricanement, le coq est en train de féconder la poule. »

En deux ans, notre cheptel a produit quelques poussins. Le miracle s'est produit en suivant le conseil de John Seymour de laisser faire la nature. Pas d'incubateurs et compagnie. Mais la première année, les poussins sont morts. Nous avons accusé les enfants. Nous leur avions dit que les poussins ne supporteraient pas qu'on leur donne un bain. L'année d'après, toutefois, quelques poussins ont presque atteint la maturité. L'un d'eux était un coq. Le renard est venu nous rendre visite et a prélevé un ou deux poussins chaque jour, jusqu'à ce qu'il ne reste que le seul jeune coq. Il a survécu quelques jours tout seul avec les cochons comme compagnie. Nous sommes revenus à la fin d'un week-end pour constater qu'il avait aussi disparu. C'était triste de tous les perdre de la sorte. Je garde en mémoire une image de chacun d'eux. On en était venu à bien les connaître.

Avec tous ces drames de la basse-cour, nous n'avons aucun besoin de ceux des feuilletons télévisés. Les animaux fournissent un sujet de discussion inépuisable.

Il est bon pour un enfant d'acquérir quelques bases en matière d'élevage, afin qu'il puisse se débrouiller à l'âge adulte. Victoria s'est procuré une ruche et a emmené Arthur prendre des cours pratiques d'apiculture. C'est merveilleux d'apprendre comment vivent les abeilles, cet élément si important de notre civilisation. Après l'effondrement du système financier et la fin du pétrole bon marché, l'élevage reviendra en vogue. Il est donc sensé d'habituer les enfants à cette activité dès aujourd'hui. L'élevage montre aussi que le jeu et le travail ne font qu'un. Prenons l'exemple des poussins. Il est réjouissant d'aller ramasser les œufs et il est facile de demander à un enfant de s'en charger. Leur nourrissage peut être fait par un enfant de deux ans. Récemment, Arthur a pris en charge le système de production d'œufs et il vend le surplus en laissant au bout du chemin des boîtes d'œufs avec la mention « Eufs (sic) de poules en plein air. Une livre sterling les six » et une boîte pour la monnaie. Il a également fait du porte-à-porte pour en vendre aux voisins. Il s'est fait un peu d'argent de poche à sa grande satisfaction. Si un enfant a la responsabilité d'une partie de l'économie domestique comme la production d'œufs, il y contribuera activement. Il n'est plus un fardeau pour ses parents, mais une force de travail domestique supplémentaire. Cela lui apprend que le métier salarié n'est pas la seule façon de gagner de l'argent. Comme je l'ai déjà écrit, ce serait pour moi une réussite si mes enfants travaillaient de façon indépendante.

Connaître l'origine de notre nourriture fait partie de l'éducation d'un enfant ; surtout aujourd'hui où les supermarchés et les diktats du gouvernement nous ont séparés de la nature. Même si nos enfants seront plus tard plongés dans un monde fait d'aliments industriels et de supermarchés, au moins auront-ils grandi avec une image plus complète des rapports homme/animal/nourriture. Ce sera donc plus facile pour eux de retrouver ce mode de vie et ses compétences.

Nous n'avons pas encore tué un poulet pour le manger, même si nous le prévoyons pour bientôt. À ce jour, nous n'en avons plus, suite aux attaques du renard. Mais rien ne vaut la nourriture produite à la maison.

Parlons également du poney. Cet animal ne m'a pas toujours été sympathique. Il coûte cher. Il demande du travail et peut occasionner des dégâts. La semaine dernière, il a mangé les plants de choux et de brocolis que je cultivais avec beaucoup de soin. J'essayai de convaincre sa propriétaire, Victoria, que ce poney ne nous était d'aucune utilité. Qu'il coûtait cher et que personne ne le montait jamais. « Les enfants l'aiment bien » me dit-elle. « Pas vraiment, ils ne le montent qu'une fois par an » répliquai-je. Cet animal exige pas mal de nettoyage : la cour est toujours pleine d'une quantité impressionnante de crottin à évacuer. Ceci dit, il procure une quantité illimitée de fumier pour le potager.

Avec la flambée des prix de l'essence, les poneys et les chevaux semblent une alternative intéressante au véhicule à moteur. On peut acheter des petites charrettes trois places pour deux cents livres sterling. Cela permettra de s'offrir des petites promenades pour aller au café, faire des courses ou pique-niquer. Pourquoi ne pas monter une petite affaire et proposer des promenades aux touristes à la plage ? Arthur pourrait s'en occuper. Nous pourrions confectionner un panneau « Chez Arthur. Tours en poney. » Cela rappelle agréablement *le Club des Cinq*, avec une odeur de vraie vie, trop rare en ces jours d'air climatisé, de Facebook et d'autres mondes virtuels antinaturels.

Les chats, les lapins et les poulets : je les recommande tous. Nous avons aussi un chien. Même si je n'aimais pas ces animaux, celui-ci est un joyeux compagnon. Mon ami John recommande d'avoir un furet dans une cage au jardin.

Ils sont censés être très utiles pour le braconnage. Un jour, je suivrai le conseil de Cobbett et j'aurai des pigeons dans un pigeonnier. « Ce sont de jolies créatures, aux mœurs très intéressantes et réjouissantes pour les enfants. » Je rêve aussi d'avoir un faucon. Ils peuvent chasser pour vous. Songeons aussi aux chouettes effraie, si belles et si mystérieuses.

Il existe un animal utile et magnifique qui sera le bienvenu au foyer des parents oisifs. Il fait économiser de l'argent, procure aux enfants une source de divertissement et leur apprend à prendre soin d'un animal. J'ai nommé le noble cochon, il remplit tous ces critères. Nous avons acheté deux jeunes cochons cette année et nous les avons nourris deux fois par jour des restes de cuisine, d'orties, de pommes et de granulés *ad hoc*. Nous les avons ensuite fait abattre à la maison. Même si nous avons appris depuis que c'était absurdement illégal, une loi récente rendant obligatoire l'abattage dans des abattoirs. Nous avons passé deux semaines à transformer sa chair. Les enfants savent d'où viennent le porc et le bacon. Je dois cependant admettre que ce matin, devant son assiette de bacon, Henry a commencé à me poser des questions étranges :

« C'est notre cochon ?

– Oui, Henry.

– Pourquoi l'avons-nous tué ?

– Pour le manger.

– Je ne voulais pas qu'on le tue. »

Mon Dieu ! Nos cochons ont eu la meilleure vie et la meilleure mort possibles, une balle dans la tête pendant qu'ils mangeaient. Ils n'ont pas eu à subir le stress d'un voyage à l'abattoir. Il est honteux que la coutume traditionnelle de l'abattage sur le lieu d'élevage ait été interdite par les autorités. Après avoir publié un article sur l'abattage de nos cochons, je reçus peu de temps après la visite du conseil municipal et une lettre assez mal rédigée de la Food Standards Agency, au nom du « Directeur de la force publique » : « Certaines des pratiques que vous décrivez dans votre article sont illégales. J'espère que les lecteurs n'en concluront pas qu'ils peuvent tuer des animaux de la manière que vous décrivez. »

Les animaux permettent d'harmoniser le travail et le jeu, ce qui est l'objectif ultime de la famille oisive. Est-ce un travail ou un jeu d'aller ramasser les œufs avec Henry ? De frotter le dos des cochons quand ils s'allongent contre la barrière ? D'éparpiller la nourriture pour les poulets un matin de printemps et les observer accourir en se dandinant ?

Il est essentiel que les enfants puissent donner libre cours à leur nature sauvage. Nous devons refuser l'idée urbaine d'une vie dépourvue d'animaux, un monde de plastique blanc, de confort climatisé, sans poules laissant leurs fientes par terre. Aldous Huxley lance le même avertissement dans *Le Meilleur des mondes*. Un monde où les animaux sont enfermés dans des usines hors de notre vue et transformés en nourriture discrètement, qui n'ont vu ni la terre, ni la lumière du jour, ni des animaux d'une autre espèce. Sans espace pour se mouvoir et dont les seuls compagnons sont des inspecteurs sans amour en blouse blanche munis d'écritoire à pince ; où les animaux sont découpés par une machine, emballés sous cellophane et emportés dans des semi-remorques pour être livrés dans des hypermarchés où nous allons les acheter en voiture.

Avec des animaux à la maison, nous restons à l'écart de ce meilleur des mondes. Les adultes et les enfants voient la réalité de la nature dans son désordre, la réalité de la vie et de la mort. Les animaux apportent de la joie et de l'amusement dans la vie de famille, ils contribuent au développement de la compassion chez les enfants et nous reconnectent avec la nature.

15
Travaillez le bois et tout ce qui vous tombe sous la main

« Il faut qu'il travaille en paysan et qu'il pense en philosophe. »

Jean-Jacques Rousseau [1]

Peu après avoir quitté la ville, je me suis mis à fabriquer des objets en bois. J'allais dans notre grange muni d'une scie, d'un étau et d'un burin et j'en ressortais avec des objets ressemblant beaucoup à des jouets, à mes yeux tout au moins. Un éléphant en bois sculpté. Une fusée réalisée à partir d'une bûche. Avec l'aide d'Arthur, j'ai taillé au burin une pointe au bout de la bûche et j'ai enfoncé à l'autre bout une demi-douzaine de tubes rouges pour imiter la flamme. Au milieu, j'ai gravé un « A » pour Arthur. Cette pièce est encore utilisée trois ans après sa confection. Tout comme l'avion en bois que

1. Jean-Jacques Rousseau, *Émile ou de l'éducation*, in *Œuvres complètes*, Tome IV, Gallimard, La Pléiade, 1969, Livre III.

nous avions réalisé. De tels modèles uniques ne coûtent rien. Nous avons passé du bon temps à les fabriquer ensemble. Nous avons également démonté un ordinateur. Après avoir tout dévissé, nous avons découvert avec bonheur que la structure en plastique ressemblait à un masque de Dark Vador. Nous avons cloué des pièces de l'ordinateur sur des planches en bois pour fabriquer un robot. Arthur a enfoncé au marteau deux bouts de fil de fer rouge qui se sont transformés en deux yeux pleurant des larmes de sang. Le résultat était impressionnant. Le fruit de notre collaboration précédente s'appelait « Wire Wood » : trois ou quatre bouts de bois fixés par des clous et recouverts de coupures de journaux donnant des bribes de nouvelles du jour. Nous comptons réaliser d'autres œuvres et les commercialiser sous la marque « Arthur & Tom » !

Les enfants aiment traînasser dans l'atelier. Pour le père, enfoncer des clous et scier du bois est réjouissant et instructif. La télévision nous raconte toujours dans ses programmes sur l'enfance qu'il faut consacrer une demi-heure par jour à « jouer » avec ses enfants. Ce sera bien mieux si le jeu et le travail sont imbriqués de façon harmonieuse.

Dans son livre fascinant – le seul livre sur l'éducation valant la peine d'être lu, brûlez les autres car ils sont au service du *statu quo* – Jean Liedloff écrit que pour les Indiens Yekwanas, le travail n'existe pas. Ils n'ont même pas de terme pour le désigner. Liedloff a passé deux ans et demi avec cette tribu d'Amérique du Sud pour observer leur mode de vie.

Les garçons, écrit-elle, imitent leur père. Avant qu'ils ne sachent parler, on donne aux garçons de petits arcs et des flèches qui leur permettent de s'entraîner dans de bonnes conditions. Tous les parents ont noté que les enfants jouent à imiter leurs parents. C'est ainsi qu'ils apprennent. Delilah et Arthur prennent plaisir à réaliser avec moi la mise sous pli pour ma revue *The Idler*. Si vous ne voulez pas voir vos enfants passer des journées entières devant un ordinateur, alors ne passez pas vous-même tout votre temps devant l'écran. Si vous n'avez pas d'atelier pour bricoler, convertissez votre table de cuisine en établi. Soyez également attentifs à ne pas multiplier les louanges comme les reproches. Faites comme s'il était normal que les enfants réussissent ce qu'ils fabriquent. Nous leur adressons trop souvent des louanges exagérées, comme si nous étions surpris. Comme Liedloff le remarque au sujet des familles occidentales : « Lorsqu'un bambin fait quelque chose d'utile, s'il s'habille lui-même, nourrit le chien, ramène un bouquet de fleurs des champs ou fabrique un cendrier en terre glaise, rien n'est plus décourageant pour lui qu'une expression de surprise envers son "bon" comportement (c'est-à-dire social). Des exclamations du genre : "Oh ! Quelle gentille fille !", "Regarde ce que Georgy a fait tout seul !" impliquent que son comportement social n'était ni attendu, ni caractéristique de lui, ni habituel [1]. »

Le parent oisif, contrairement au parent louant-et-blâmant, devrait être plus décontracté pour que son enfant le soit également. Je n'y réussis pas toujours : au lieu de démontrer la sagesse de la coopération, je crie : « Sois un peu coopératif ! » Mais je me soigne. Je garde à l'esprit qu'il faut savoir se taire un peu plus souvent. Certains essayistes déconseillent même totalement d'encourager l'enfant, pour qu'il apprenne à exercer sa volonté propre. L'écrivain britannique Philip Pullman se souvient que ses parents ne l'ont jamais encouragé à écrire : il n'a jamais eu la tâche facile. Mais cela

1. Jean Liedloff, *Le Concept du Continuum*, traduit de l'anglais par Véronique Van den Abeele, Genève, Éditions Ambre, 2006.

lui a donné la stimulation nécessaire. Une autorité quelque peu revêche peut même s'avérer un réel aiguillon pour la création.

Pour Liedloff, les enfants devraient pouvoir accompagner les adultes où qu'ils aillent. Voilà qui n'est pas facile avec notre mode de vie moderne. Alors changez-le. Un emploi et une crèche à plein temps sont-ils vraiment la seule façon de nous organiser ? Cela me parait insensé. Quand j'étais enfant, j'aimais beaucoup partager des activités avec mes parents – je détestais les activités organisées comme les anniversaires. Pour moi, les lieux de travail de mes parents étaient des endroits merveilleux. À l'âge de cinq ans, Arthur vécut deux jours mémorables lorsqu'il m'accompagna à Londres pour m'aider à débarrasser mon bureau et à charger ma camionnette. Il travaillait très bien et il était de bonne compagnie. Pas de pleurnicheries pendant deux jours. Ce travail n'en était pas un pour Arthur. Comme chez les Yekwanas, l'idée du travail comme « nécessité redoutée », selon les termes de Liedloff, n'existait pas pour lui.

Les Yekwanas, nous dit Liedloff, se moquent de l'inconfort. Un jour, l'anthropologue les aidait à déplacer un grand canoë dans la forêt. Ils n'arrêtaient pas de le laisser tomber par terre et de se faire mal aux pieds. Liedloff maudissait cette corvée, mais les Yekwanas, écrit-elle :

« présentaient un état d'esprit joyeux, se réjouissant de leur camaraderie […] Chaque pas en avant était pour eux une petite victoire […] Je mis de côté le point de vue civilisé pour apprécier, avec une certaine sincérité, le reste du portage des canoës. Même les écorchures et les bleus furent réduits avec une facilité remarquable à ce qu'ils étaient véritablement : des petits maux qui guériraient bien vite et qui ne méritaient ni une réaction émotionnelle déplaisante comme la colère ou l'apitoiement sur moi-même, ou le ressentiment, ni l'angoisse à l'idée de se demander combien il y en aurait encore jusqu'à la fin du portage[1]. »

Il s'agit donc simplement d'une question d'attitude mentale, la réalité physique de la situation restant inchangée. Lorsque nous divisons le monde en deux catégories : « bon » et « mauvais », travail et loisir, bons et mauvais comportements, activités intrinsèquement plaisantes et activités intrinsèquement ennuyeuses, nous semons les graines de notre tristesse et celle de nos enfants. La vie deviendra une fuite perpétuelle du mauvais vers le bon. Il vaudrait mieux dire : « J'aime bien cela » plutôt que : « Quel gentil garçon. » Il est encore temps d'aider nos enfants à aimer leurs vies en aimant la nôtre.

La dialectique « travail = mal » et « vie = bien » est un des mythes les plus pernicieux et puissants de notre société. Faisons-le voler en éclats. Intégrez vos enfants dans votre vie. Faites ce que vous voulez et laissez-les vous suivre. Jamais mes enfants ne m'ont empêché de faire ce que je voulais, si ce n'est occasionnellement de me rendre à une soirée. Tous les adultes ont vu la créativité innée des enfants se déployer à la maternelle et à la maison. Plus tard, cette impulsion créatrice laisse graduellement la place, à l'école, à la tâche prétendument plus importante de la réussite des examens.

Réaliser des objets beaux et utiles, comme presque tout ce qui est fait maison, devrait être au centre de l'expérience de l'enfant. Une telle activité ne devrait pas être vue comme du travail mais comme un jeu. Laissez-les vaquer à leurs occupations, ne les confinez pas. A. S. Neill pensait que les parents, inquiets de l'avenir de leurs enfants, les privent de leur droit

1. Jean Liedloff, *op. cit.*, p. 131.

au jeu. John Locke partageait le désir de rendre l'apprentissage aimable :

« Lorsque l'enfant sait parler, c'est le moment de commencer à lui apprendre à lire. Mais sur ce point, laissez-moi vous répéter ici ce qu'on est très disposé à oublier : il faut bien prendre garde que la lecture ne devienne un travail pour lui et que l'enfant ne la considère comme une tâche. Nous aimons naturellement la liberté, comme je l'ai dit, et cela dès le berceau. Il y a quantité de choses qui ne nous inspirent de l'aversion que parce qu'elles nous ont été imposées [1]. »

C'est juste. Ce matin, je maudissais Victoria car elle a exigé que je fasse les lits alors que je voulais écrire ce livre. Si je l'avais choisi moi-même, cela ne m'aurait pas dérangé. Locke continue : « J'ai toujours pensé que l'étude pouvait devenir un jeu, une récréation pour les enfants [2]. »

Transformez le travail en jeu. Encouragez la fabrication d'objets. Tout comme vous vous assurez de la maîtrise de la lecture par vos enfants, assurez-vous qu'ils soient bien familiarisés avec les arts pratiques, ce que l'on appelait autrefois le commerce. Locke et Rousseau recommandent le travail du bois comme une part essentielle de l'éducation idéale. Selon Locke :

« Je proposerai […] le travail sur bois à la façon d'un charpentier, d'un menuisier ou d'un tourneur, ce sont des récréations saines qui conviennent à l'homme d'étude ou l'homme d'affaires […] Puisque l'esprit en effet ne supporte pas d'être constamment employé à la même chose, et que les hommes sédentaires et studieux ont besoin de quelque exercice qui à la

1. John Locke, *Quelques Pensées sur l'éducation*, traduit de l'anglais par Compayré, Paris, Vrin, 2007, § 148.

2. *Ibid.*

fois divertisse leurs esprits et occupe leurs corps [1]. Il inventera et façonnera un grand nombre d'objets tout ensemble agréables et utiles [2]. »

Locke recommande l'élevage des animaux en général et souligne qu'une vie variée est une vie bonne. « Chez les anciens, les grands hommes savaient très bien accorder le travail des mains avec les affaires de l'État [3]. »

Rousseau, après avoir injustement reproché à Locke de transformer son jeune homme en dentelière, fait l'éloge du travail du bois :

« Le métier que j'aimerais le mieux qui fût du goût de mon élève est celui de menuisier. Il est propre, il est utile, il peut s'exercer dans la maison ; il tient suffisamment le corps en haleine ; il exige dans l'ouvrier de l'adresse et de l'industrie ; et dans la forme des ouvrages que l'utilité détermine, l'élégance et le goût ne sont pas exclus [4]. »

Je préférerais de loin que mes enfants pratiquent des exercices physiques créatifs et utiles plutôt que du sport d'équipe brutal et inutile. Les sports d'équipe ne semblaient pas exister à l'époque de Locke et de Rousseau. Ce sont les fruits pourris de l'industrialisation. Mieux vaut pour le parent et l'enfant prendre des cours de menuiserie ensemble. C'est excellent pour le parent oisif, c'est excellent pour les enfants et c'est amusant et utile pour tout le monde.

Le parent inquiet, conditionné à vivre dans la peur par des inspecteurs de la santé et de la sécurité et par les médias anxiogènes, craint les marteaux, les clous, les perceuses et

1. John Locke, *op. cit.*, § 204.
2. John Locke, *op. cit.*, § 202.
3. John Locke, *op. cit.*, § 205.
4. Jean-Jacques Rousseau, *Émile ou de l'éducation*, in Œuvres complètes, Tome IV, Gallimard, La Pléiade, 1969, Livre III.

les couteaux. Mais cela revient à sous-estimer la capacité des enfants à se protéger. Lorsque des amis amènent leurs enfants à la maison, ils considèrent avec horreur notre cabane perchée dans les arbres. J'ai même dû installer une rambarde sur notre véranda, comme si les enfants allaient bondir depuis le bord. Ils ne le feront tout simplement pas. Notre obsession de la sécurité étouffe le jugement personnel. Mon ami Mark se souvient d'un voyage au Zaïre où de jeunes enfants jouaient sur le pont d'un grand bateau, sans rambarde. « Ne craignez-vous pas qu'ils ne tombent ? » demanda-t-il à une maman. « Ils ne sont pas stupides ! » répondit-elle en riant. Liedloff tient des propos analogues au sujet des Yekwanas : dès le plus jeune âge, les enfants jouent avec des couteaux au bord de profonds fossés. Dans les cultures des peuples premiers, on respecte le bon sens de l'enfant. Nous, parents occidentaux, nous leur ôtons leur confiance en eux-mêmes en criant : « Attention ! » à tout bout de champ. Depuis l'âge de deux ans, Henry monte et descend d'une échelle, sans surveillance. À trois ans, il a pris peur et m'a demandé de l'aider à descendre. Nous lui avons sûrement appris cette peur sans le vouloir, terrible pensée !

Je recommande vivement les cabanes dans les arbres, les plus simples étant les meilleures. Un ami est venu construire la nôtre, faite avec des matériaux de récupération. Elle n'est pas encore terminée. Et elle ne le sera jamais ! Delilah et Arthur sont toujours en train d'ajouter des extensions et de la peindre. Victoria a suggéré d'utiliser les montants d'un vieux lit pour enfant. Elle ne voulait pas construire une extension de la cabane, mais installer une autre rambarde !

Le travail du bois nous fait éviter le vilain plastique, cet ennemi de la paresse : le bois, lui, peut être déniché gratuitement, réparé, repeint, recyclé, réutilisé, ou brûlé. Il pousse tout seul, sans pétrole. Les écoles Steiner ont des jouets en bois, ce qui me semble une très bonne idée. Les morceaux de bois ont belle allure, donnent de la joie, durent éternellement. Quand vous en avez assez, vous pouvez les brûler. Pas de décharge ! Voilà qui est écologique. Tout ce qui est fait en bois est de meilleure qualité.

Si vous apprenez à vos enfants à aimer le bois, vous l'apprécierez à nouveau vous-même. Il nous reconnecte au monde naturel dans notre révolte pour le plaisir. Contre le plastique aride et clinique. Les mondes virtuels conçus en Californie nous séparent du monde naturel, et cela fait bien partie de leur plan. L'un des dirigeants de Facebook, Peter Thiel, a expliqué sa philosophie basée sur celle de Thomas Hobbes. La nature est hostile, explique Thiel. Elle est une force contraignante pour l'homme qui doit seulement compter sur son ingéniosité sans limites. Dans le cyberespace, vous pouvez envoyer des cadeaux virtuels à travers l'éther, dépourvus de la réalité physique singulière des objets faits main et dont on ne peut profiter que via un écran. Même s'ils peuvent nous apporter de brèves satisfactions, cela n'a rien à voir avec la créativité passionnée issue de la fabrication d'objets en bois, qui nous rend artistes non au sens où nous pourrions vendre nos œuvres, mais néanmoins artistes au plein sens du terme. Le monde virtuel des futuristes californiens nous rend consommateurs des visions des autres.

Jouer avec le bois nous rapproche de l'esprit Robin des Bois ou de l'Homme vert. Robin des Bois et les hors-la-loi construisirent leurs propres habitations – aujourd'hui, le permis de construire leur serait refusé. Ils acceptent d'être intégrés par la nature au lieu de construire des remparts autour d'elle. Voilà pourquoi les enfants aiment construire des cabanes dans les bois, suivant un instinct transmis de génération en génération. Jouer toute son enfance avec des objets en bois rendra service plus tard à l'adulte dans sa vie de tous les jours.

On se moquera de mes conseils sur l'importance du travail manuel dans l'enfance et chez l'adulte. On dira que ces objets sont aujourd'hui réalisés dans des usines, dans un autre pays la plupart du temps, pour bien moins cher, ce qui nous donne du temps à gaspiller dans l'espace virtuel. Un ami m'a raconté qu'une de ses connaissances trafique du cannabis, alors qu'il était auparavant menuisier. Pourquoi a-t-il changé ? Parce qu'il en avait assez des gens qui entraient dans son atelier pour lui dire à quel point cela devait être agréable de travailler de ses mains.

Mais pourquoi ne pas mener les deux activités de front ? Comme le dit Rousseau, on peut être paysan et philosophe. Ou artiste et homme d'affaires. Rembrandt était un négociateur foncier. Vous pouvez lire, écrire, vous occuper de vos affaires le matin et fabriquer des objets l'après-midi. Rien de plus réjouissant que d'enfoncer des clous dans du bois. Emplissons les vies de nos enfants de variété, de créativité, d'autonomie et observons leurs vies s'améliorer en conséquence. Nous sommes tous des artistes.

16
Dites « oui »

« Dans nos moments d'anarchie, nous sommes tentés de convenir avec Louis Stevenson qu'être aimable et joyeux est une excellente religion pour le monde de tous les jours. »

Jerome K. Jerome [1]

Oh ! Comme nous gémissons, nous, parents occidentaux gâtés, assaillis par une multitude de choix possibles, condamnés à bien faire, à réussir. Nous nous plaignons au sujet de l'argent, du manque de sommeil, de nos conjoints, de nos collègues, des bus, des journaux, des réseaux sociaux, du gouvernement, des opérateurs de téléphonie mobile. Nous rageons contre les usuriers des banques, les filous avides de la City. Mais nous nous plaignons plus encore de nos enfants. Les premiers mois de la vie du bébé sont

1. Jerome K. Jerome, *Arrière-Pensées d'un paresseux*, traduit de l'anglais par Béatrice Vierne, Paris, Arléa, 1998.

généralement heureux. Nos constructions artificielles, que nous appelons pompeusement « nos vies », sont ensuite prises dans une lutte mortelle. Nous essayons de « trouver l'équilibre » entre les activités agréables et désagréables. Nous lisons la prose des éditorialistes geignards des journaux. Comme ils se plaignent, nous pensons à tort que nos propres plaintes sont également justifiées – en oubliant que leurs plaintes sont un business rentable. Ils tirent profit de leurs lamentations alors que notre souffrance ne nous rapporte pas un sou. Mais nous nous plaignons des modes de vie que nous avons créés nous-mêmes. Nous avons choisi d'avoir tel métier, tel appartement, tel petit ami ou petite amie, d'avoir telle voiture, le haut-débit, d'avoir donné notre argent à la banque, d'avoir conçu un bébé, de vivre dans cette ville, dans tel pays. Nous sommes pourtant libres d'aller à Goa vivre en solitaire sur la plage le reste de notre vie, sans enfant et libres. Mais nous ne faisons pas un tel choix. Et après nous nous plaignons !

Avons-nous faim ? Froid ? Vivons-nous dehors ? En prison ? Non. Sommes-nous libres de quitter nos emplois, notre maison, notre conjoint ? Oui ! Si vous n'êtes pas content de votre sort, il vous suffit d'en changer. Ne vous croyez pas impuissant, vous êtes responsable de la situation dans laquelle vous êtes et de votre attitude mentale envers elle. Je ne nie pas que nos peines soient réelles. Privations, conflits domestiques, désastres financiers… Blake, le barde d'Albion, écrivait :

« Il est bien qu'ainsi tout se fonde :
Pour joie et peine homme fut fait
Et quand nous savons ce que c'est
Nous allons saufs de par le monde.
Joie et peine en fin tissage
Habit pour l'Âme divin

Sous chaque dol et chagrin
Court un fil de soie et de joie [1]. »

Nous observons souvent dans les cultures traditionnelles une attitude stoïque envers la vie, un manque inspirant d'apitoiement sur soi. Ces attitudes se trouvent encore dans des sociétés qui nous semblent limitées en termes de choix de vie possibles. Dans les sociétés opulentes en revanche, on se plaint beaucoup plus. Plus les gens sont riches, plus ils se plaignent. Les riches se plaignent toujours des lacunes du service dans les hôtels, ou de leurs domestiques, paresseux ou malades. De leurs trajets en avion, des travailleurs des centres d'appels, des taxis. Plus on est riche, plus on achète, plus on augmente la probabilité que les choses aillent de travers. La richesse génère également une impatience arrogante : je paie, alors pourquoi devrais-je attendre ?

Un de mes amis, producteurs de programmes télévisés, a observé un phénomène nouveau lors des dîners dans les classes moyennes. Il appelle cela le « *moasting* », une fusion entre *moaning* (se plaindre) et *boasting* (se vanter). On se plaint de tel chalet à Gstaad, des piètres prestations de manucure de telle enseigne de luxe, de tel professeur à Eton. Cette union de deux défauts déplaisants en un seul est une marque de mauvais génie tout à fait britannique.

Le parent oisif doit éviter ces deux défauts à tout prix. N'étant toutefois pas fanatique, il s'autorise quelques plaintes modérées et n'exigera pas l'intervention d'une police de l'oisiveté. La plainte de l'adulte engendre celle de l'enfant. Quand ils nous entendent nous plaindre toute la journée, nos enfants trouvent cela normal et font donc comme nous.

1. William Blake, « Augures d'innocence » in *Chansons et mythes. Poèmes choisis*, traduit de l'anglais par Pierre Boutang, Paris, Éditions de la Différence, 1989.

Nous les encourageons aussi à se plaindre en leur demandant constamment leur avis : « T'es-tu bien amusé ? C'était bien ? C'est un bon livre ? Un bon film ? C'était bien à l'école ? » Jadis, les Chinois appelaient cela « l'esprit discriminant », la division artificielle entre le bon et le mauvais. Cet état d'esprit transforme les enfants en consommateurs, car les consommateurs sont les plus grands râleurs de la terre, toujours prêts à envoyer leurs réclamations au juge et à vouloir des produits d'une qualité toujours plus grande. Réduire sa vie à la sélection de produits et services est le résultat concret de la plainte comme principe de vie. En revanche, le non-consommateur, le créateur, sait que tout se vaut. Il a un esprit non discriminant et ne trouve pas sujet à se plaindre. Il a la disposition joyeuse des Stoïciens et approuverait l'épigramme d'Epictète : « Le bonheur ne consiste pas à acquérir et à jouir, mais à ne rien désirer [1]. »

De nombreux besoins engendrent de nombreuses plaintes. Une idée vague et abstraite d'une situation idéale, plutôt que l'acceptation de la réalité, engendre l'insatisfaction. Réjouissons-nous plutôt de notre caractère unique, de notre excentricité.

John Stuart Mill appréciait l'idée d'une vie simple. Il était pourtant lui-même le produit d'une éducation sous serre programmée par son père avec le concours diabolique de l'inventeur du panoptique, Jeremy Bentham [2]. Stuart Mill attribuait la popularité de l'idée de la vie simple au milieu

1. Épictète, *Pensées et Entretiens*, traduit du grec par André Dacier, Paris, À l'enseigne du Pot Cassé, 1937.

2. Jeremy Bentham (1748-1832), philosophe utilitariste, a conçu le panoptique, un type d'architecture carcérale s'inspirant des plans d'usines de son frère, permettant à un gardien posté dans une tour centrale de surveiller tous les prisonniers, enfermés dans des cellules individuelles, sans que ceux-ci ne le voient. NDT.

du XIXe siècle à l'œuvre de Rousseau. Dans *De la liberté*, il écrit : « Le mérite supérieur de la vie simple, l'effet débilitant et démoralisant des entraves et des hypocrisies d'une société artificielle, sont des idées qui depuis Rousseau n'ont jamais complètement quitté les esprits cultivés [1]. »

Nous devons nous sentir personnellement responsables de nos vies. Pour nous libérer de toute plainte. Écoutons les propos avisés de Stuart Mill sur l'éducation que la plupart d'entre nous confions à des agents extérieurs :

« Si le gouvernement prenait la décision d'exiger une bonne éducation pour tous les enfants, il s'éviterait la peine de leur en fournir une. Il pourrait laisser aux parents le soin de faire éduquer leurs enfants où et comme ils le souhaitent, suivant les besoins de chacun, et se contenter de payer une partie des frais de scolarité des enfants les plus pauvres et de s'en charger complètement pour ceux qui n'ont personne d'autre pour y pourvoir. Les objections qu'on oppose avec raison à l'éducation publique ne portent pas sur le fait que l'État impose l'éducation, mais sur ce qu'il se charge de la diriger, ce qui est tout différent [...] Une éducation générale dispensée par l'État ne peut être qu'un dispositif visant à fabriquer des gens sur le même modèle [...] Elle établirait un despotisme sur l'esprit, qui ne manquerait pas de gagner le corps [2]. »

Pourquoi l'État doit-il exercer un tel contrôle sur l'éducation dispensée dans ses écoles ? Ne peut-on pas laisser les professeurs tranquilles ? Stuart Mill a raison de dire que peu de parents se plaindraient si on leur donnait des coupons d'éducation utilisables dans l'école de leur choix. Nous sommes opposés au contrôle idéologique.

1. John Stuart Mill, *De la Liberté*, traduit de l'anglais par Laurence Lenglet, Paris, Folio Gallimard, 1990, p. 132.
2. John Stuart Mill, *ibid.*, p. 226.

Nous nous plaignons des écoles, qu'elles soient publiques ou privées. Ces plaintes de type « moasting » sont ridicules, car il existe de nombreuses alternatives, dont l'école à la maison. Comme on fait son lit on se couche, et si vous n'aimez pas votre lit, alors découchez.

C'est pareil avec les enfants. Nous ne sommes pas obligés d'en avoir. Nous l'avons choisi. D'autres choix étaient possibles. En évitant de nous plaindre, nous donnons un bon exemple à nos enfants ; si nous ne sommes pas satisfaits d'une situation, il est en notre pouvoir de nous adapter ou de changer notre attitude.

Alors dites : « Oui ! » à vos enfants. Cette idée très simple m'a été suggérée par un ami, John Lloyd. Il avait remarqué qu'il évitait souvent d'avoir à s'occuper de ses enfants. Dès leurs premières années, il restait tard au bureau parce qu'il préférait ne pas avoir à gérer les piaillements du bébé et le chaos général régnant à la maison. Plus tard, il se fâchait s'il était dérangé par un enfant au milieu d'un appel téléphonique. J'ai noté cette tendance chez moi. Parfois, je suis devant mon écran d'ordinateur et un de mes enfants entre dans mon bureau pour me demander de jouer avec lui : « Tu veux bien jouer au tracteur avec moi ? » Imbu de moi-même, je soupire et je dis quelque chose comme : « Je suis en train de travailler » ou pire, je le dispute : « Tu ne vois pas que je travaille ? » L'enfant insiste un moment et puis abandonne. Je regarde ensuite mon écran et je me demande si le fait de consulter le rang des ventes de mon dernier livre peut être considéré comme du travail important. Cela n'aurait-il pas pu attendre cinq minutes ? John Lloyd a réfléchi à ces questions et s'est mis à dire : « Oui ! » quand ses enfants lui demandaient quelque chose, même s'il était au téléphone ou en train de travailler. Il s'est rendu compte que leurs demandes récurrentes et leur comportement agaçant à son égard exprimait un manque affectif. Alors aujourd'hui, il raccroche le téléphone et va jouer avec eux.

Mais n'est-ce pas là beaucoup de travail pour le parent oisif ? Pas vraiment. L'enfant sera ravi de ces cinq minutes de jeu, tout comme le parent. Après tout, vous aurez beaucoup de temps pour travailler devant votre écran plus tard quand ils auront grandi et qu'ils auront moins besoin de vous. Profitez-en tant que vous pouvez !

Pour mon ami John, dire « oui » est une sorte d'investissement pour le parent oisif. Après avoir pris l'habitude de dire « oui » pendant un certain temps, disons un an ou deux, les enfants arrêteront de vous solliciter à tout bout de champ. Votre attitude positive les rassurera et ils éprouveront moins le besoin de tester votre affection continuellement.

Appelons cette méthode « le programme Lloyd pour une éducation heureuse et sans stress ». La voici :

« Malgré l'opinion partagée par ceux d'entre nous qui sont déjà parents, et qui ont tout gâché, être parent est l'occasion rêvée d'une vie oisive. Voilà le truc. Donnez aux enfants ce qu'ils veulent, dès qu'ils le demandent. Si les enfants savent qu'ils peuvent profiter de votre attention pleine et entière à toute occasion nuit et jour, miracle, ils finissent par cesser de demander. Ce qui vous laisse libre de glandouiller et de vous occuper de ce qui vous paraissait plus important. »

Ce programme contient des idées semblables à celles développées dans le livre *Le Concept du Continuum*. Si vous donnez à l'enfant quand il est petit un temps illimité « dans les bras » selon l'expression de Liedloff, il vous laissera tranquille plus tard : « Le besoin de contact physique s'estompe rapidement une fois le quota d'expériences atteint. Le nouveau-né, comme le bambin, l'enfant ou encore l'adulte n'y aura recours que lors de moments de stress impossibles à gérer seul. Ces moments sont de plus en plus rares et sa confiance en lui s'amplifie à une vitesse qui étonnerait ceux qui ne connaissent que les enfants civilisés privés d'une phase dans les bras réussie[1]. »

La personne s'occupant du bébé, que ce soit la mère, le père ou une autre personne, n'a pas à graviter autour de l'enfant et à s'occuper de lui, mais doit toujours être disponible :

« Chez les Yekwanas, la mère ou la personne qui s'occupe du tout petit est parfaitement détendue. Elle vaque à ses occupations et son regard n'est en aucun cas rivé sur lui. Elle est cependant réceptive et disponible à chaque moment où son bébé revient vers elle. Elle n'interrompt pas ses préparations culinaires ou ses autres tâches, à moins qu'il ne demande toute son attention. Au petit qui cherche le réconfort, elle ne tend pas les bras mais l'accueille calmement dans sa totale disponibilité ou le place sur sa hanche si elle se déplace[2]. »

Liedloff continue à dresser l'éloge de la passivité du parent :

« La mère n'est pas à l'origine des contacts avec le bébé ou ne lui apporte pas son aide, sauf de façon passive. C'est le bébé qui va la chercher et qui lui montre par son comportement ce qu'il veut. C'est lui qui est actif, et, elle, est l'agent passif dans leurs relations ; il vient à elle pour dormir quand il est fatigué, pour être nourri quand il a faim. Ses explorations du vaste monde sont renforcées par son fréquent recours à elle et par le sentiment qu'il a de sa constance quand il est loin d'elle[3]. »

1. Jean Liedloff, *Le Concept du Continuum*, traduit de l'anglais par Véronique Van den Abeele, Genève, éditions Ambre, 2006, p. 117.
2. Jean Liedloff, *ibid.*
3. Jean Liedloff, *ibid.*

Le parent doit harmoniser deux attitudes différentes à première vue : ne rien faire ou dire « oui ». Laissez les enfants venir à vous, soyez là et n'essayez pas de les rabrouer. Ainsi, vous aurez beaucoup de temps pour vous occuper de vos affaires quelles qu'elles soient, et l'enfant apprendra l'autonomie. Il aura l'impression d'avoir été aimé dès les premiers jours. Aimé, mais libre. Faites-en moins ! L'éducation passive est une éducation responsable.

Vous êtes harcelé par vos enfants ? Je trouve révélateur la réponse de mon amie Heather aux supplications de son enfant : « Quand arrêteras-tu de me terroriser ? » N'est-ce pas la conséquence directe de les avoir privés de votre présence dans leurs jeunes années ? Notre société non contemplative nous dit en permanence qu'il faut être des parents actifs, alors nous courons à droite à gauche, nous travaillons, nous alpaguons nos enfants quand nous les voyons, bref, nous nous agitons beaucoup. Il est préférable que les parents soient tous deux à la maison les deux ou trois premières années de la vie de l'enfant et s'organisent pour assurer une présence constante de personnes susceptibles de donner un coup de main : voisins, locataires, nounou si vous en avez les moyens. Plus l'enfant est entouré, mieux c'est. Cela allège la charge de la mère qui n'a jamais, au grand jamais, été faite pour élever ses enfants toute seule. Quelle idée ! Mieux vaut avoir beaucoup de temps que beaucoup d'argent lors de ces premières années. Il sera temps de gagner de l'argent plus tard.

Cesser de vous plaindre et dire « oui » aux enfants pourrait servir à accepter votre vie telle qu'elle est dans les autres domaines. Un bon truc ? Éteignez la radio. Aldous Huxley écrivait en 1946 : « Écouter quatre ou cinq fois par jour les diffusions de nouvelles et les commentateurs, lire les journaux du matin ainsi que tous les hebdomadaires et les revues mensuelles – voilà ce que, de nos jours, on appelle "s'intéresser d'une façon intelligente à la politique". Saint Jean de la Croix eût appelé cela s'adonner à la curiosité oiseuse et cultiver l'inquiétude pour le plaisir de l'inquiétude [1]. »

L'insatisfaction engendre les plaintes. Supprimons donc les causes de l'insatisfaction. La principale est notre tendance à croire que nous avons échoué, que les choses ne sont pas parfaites comme elles le sont dans les magazines et sur les écrans. Alors, il nous faut tourner le dos à cette quête de perfection et nous abandonner à la providence.

Huxley écrit encore en 1946 : « La philosophie populaire de la vie a cessé d'être fondée sur les classiques de la dévotion et les règles de la bonne éducation aristocratique et elle est maintenant façonnée par les auteurs de slogans publicitaires, dont l'idée unique est de persuader tout le monde de devenir aussi extraverti, aussi gourmand sans retenue, que possible, puisque, bien entendu, ce sont uniquement les possessifs, les agités, les distraits, qui dépensent de l'argent pour les choses que les annonceurs désirent vendre [2]. »

Nous avons sans doute besoin d'un peu plus de quiétude, de repos, de gentillesse, de joie et de beaucoup moins de cupidité.

1. Aldous Huxley, *La Philosophie éternelle*, traduit de l'anglais par Jules Castier, Paris, Points, 1977.
2. Aldous Huxley, *ibid.*

17
Laissez vos enfants vous apprendre à vivre

> *« Il faut qu'un homme devienne véritablement pauvre et aussi libre à l'égard de sa propre volonté de créature qu'il l'était lors de sa naissance. »*
>
> Maître Eckhart.

Le parent oisif ne se sacrifiera jamais pour ses enfants. Il vivra sa vie et les enfants grandiront dans son sillage. Mais il respectera ses petites créatures et observera leurs manières avec intérêt. Il s'amusera de leurs bons mots. Vous aurez beaucoup à apprendre de vos enfants. Le plus important n'est pas ce que vous *faites* mais ce que vous *êtes*. Le plus important, c'est la relation que vous établissez avec votre enfant. Au lieu d'essayer de suivre une liste de règles, nous devrions nous concentrer sur notre état d'esprit envers eux. Commençons par une certaine gratitude pour leur entrée dans nos vies.

Quand votre bébé naît, vous apprenez le sens de l'amour inconditionnel. C'est un nouveau genre d'amour, différent de celui que pouvez éprouver envers vos parents ou votre conjoint. Tout cœur humain est touché par la présence d'un bébé, car il n'a pas encore été conditionné et transformé en un consommateur. Dieu sait que les hommes d'affaires font tout pour cela. Quelques minutes après la naissance de notre aîné, on nous apporta un paquet contenant des couches gratuites de la marque X, un paquet de lingettes humides de la marque Y et des bons de réduction pour quelques affreux articles de puériculture industriels. Du berceau à la tombe, nous sommes exploités pour notre argent, comme de simples consommateurs.

Mais le bébé n'a pas conscience de tout cela. Il n'a que son corps animal et ses grands yeux dans le vague. Mon ami Penny Rimbaud pense que les enfants ne sont ni naturellement bons, ni naturellement mauvais, mais simplement passionnés. Leurs rires et pleurs sont l'expression de leur passion de vivre. J'espère que c'est le cas pour Henry, car au moment où j'écris ces lignes, je l'entends pousser des cris horribles. Victoria va me demander de l'aide à tout moment. Au secours !

Quel est le sort du bébé qui vient au monde ? Selon Blake, un sort pas très heureux :

« Ma mère gémit, mon père pleura
Et je bondis dans ce dangereux monde :
Impuissant, nu, glapissant à tue-tête,
Tel un démon caché dans un nuage.

Luttant dans les mains de mon père,
Me débattant avec mes langes,
Captif, à bout, j'ai préféré
Bouder sur le sein de ma mère [1]. »

1. William Blake, « Peine nouveau-née » in *Chants d'innocence et d'expérience*, traduit de l'anglais par Pierre Leyris, in *Œuvres*, Paris, Aubier-Flammarion, 2000, tome 1, p. 258.

Une remarque sur l'emmaillotage : c'était une pratique médiévale courante, mais Rousseau tout comme Blake la considérait comme cruelle et non naturelle. Cette pratique a fait un retour ces dernières années et se trouve recommandée par quelques auteurs pour imposer au bébé des habitudes strictes. Mais les parents oisifs veulent laisser le bébé libre de mouvoir ses bras.

Notre monde est dangereux pour le pauvre nourrisson. Il résiste et se rebelle déjà contre l'enrégimentement et l'isolement. Il crie si des étrangers le prennent dans leurs bras. Mais on l'ignore. Quelque chose ne va pas, semble-t-il nous dire par ses pleurs. On dit aux mères qu'il pleure pour attirer l'attention et que le mieux est de le laisser pleurer. Voilà qui semble cruel. Après tout, le bébé n'a pas encore été dressé à accepter le temps capitaliste et l'éthique du travail associée. Il vit dans le moment présent.

L'une de nos plus pénibles corvées familiales est la ruée matinale pour aller à l'école. Le car scolaire passe au bout du chemin à 8h30 et les enfants doivent être habillés, lavés, et leurs sacs dûment remplis des affaires du jour. Ils résistent avec acharnement si on leur donne des instructions et si on les dérange au beau milieu d'une activité.

« Mets tes chaussures !

– *Mets tes chaussures !*

– METS TES CHAUSSURES ! »

Pourquoi résistent-ils ainsi à l'autorité ? Parce qu'ils vivent dans l'instant, ici et maintenant. Et si les enfants traînent, ce n'est peut-être pas leur faute, mais celle du système qui essaie de les embrigader si strictement. Sont-ils les seuls sains d'esprit ? Ils ont encore conscience de leur dignité, comme le pensait l'écrivain Thomas de Quincey. Ses parents l'appelaient « le jeune sultan impérieux » de la famille lorsqu'il était enfant.

Écoutons donc nos enfants. Ils ont beaucoup à nous apprendre sur les modes de vie naturels.

Vivre dans le présent

Nous les adultes, nous faisons des efforts perpétuels pour détourner les enfants de l'instant présent et les pousser dans l'avenir ou le passé. Nous posons des questions mettant en valeur une expérience passée: « C'était comment, à l'école ? Qu'as-tu fait aujourd'hui ? Qu'est-ce-que tu as préféré ? As-tu aimé le film ? » Nous planifions l'avenir et nous leur enseignons à vivre dans l'attente d'évènements – peut-être pour leur rendre le présent plus supportable: «Tu attends Noël / un tour au parc d'attractions avec impatience ? » Dès leur plus jeune âge, nous essayons d'apprendre aux enfants que le présent n'est pas un bon endroit, que la vie s'est vécue dans le passé ou se vivra dans l'avenir. La réticence des enfants à répondre à des questions telles que: « Comment c'était, l'école ? » – rien de plus inefficace pour lancer une discussion – est sans doute le signe que les enfants veulent tout simplement *être*, et poursuivre les activités dans lesquelles ils sont absorbés, ici et maintenant. C'est la raison de leur refus de la ponctualité, leur refus d'être arrachés à leurs occupations pour venir dîner. Je prévois d'ailleurs de me procurer une cloche pour les repas, comme cela je n'aurai plus à crier pour qu'ils viennent. Je m'imagine parfois qu'ils jouent toute la journée dehors et que je les appelle avec une cloche à 18 heures pour les faire revenir du fin fond des prés.

Chaque parent connaît les frustrations engendrées par une promenade avec un très jeune enfant. Il ne semble pas comprendre la notion de destination, le fait d'aller d'un point A à un point B. À la place, il traîne, il se baisse pour ramasser des bricoles, regarde les panneaux et il entreprend même de façon exaspérante de marcher à reculons. Je suppose que cela l'amuse. C'est très frustrant pour un adulte qui a des objectifs. « Allez Henry », bêlons-nous avec une fausse jovialité, avec notre petit demi-sourire indulgent aux lèvres, au cas où nous serions observés. Mais si vous adoptiez le point de vue de votre enfant, cela pourrait devenir amusant. L'enfant peut vous apprendre le plaisir de l'ici et maintenant sans songer ni au passé ni à l'avenir. Cessez de vous escrimer et concentrez-vous sur ce qui se passe. Plus vous le ferez, plus vous vous libérerez de l'angoisse, du regret, de la peur. Les petits enfants sont des créatures confiantes en la providence. Le passé et le futur sont des concepts abstraits. L'avenir n'a pas de réalité, c'est une invention capitaliste comme je le dis souvent car nos peurs peuvent être manipulées pour nous faire dépenser de l'argent dans des assurances retraite, des investissements immobiliers, etc.

Faire l'imbécile et prendre la vie du bon côté

« Tu as une tête de popo, papa », me disent les petits en gloussant. L'utilisation d'un terme à la place d'un autre est une constante des traits d'esprit chez les enfants, comme l'a montré le sémiologue Gregory Rowland. Ils ont raison, c'est drôle. Les enfants aiment les jeux de mots, les blagues, dont la plupart sont basées sur des calembours. Ils aiment aussi faire des grimaces, se laisser tomber par terre et émettre des bruits peu raffinés. Et moi aussi. On jouait déjà aux grimaces au Moyen Âge. Dites à tout le monde autour de vous de faire la grimace et prenez des photos. Choisissez ensuite le vainqueur. Ce serait une idée pour la prochaine fête au village, peut-être avec un Polaroïd. De toute façon, les enfants sont un très bon prétexte pour faire l'imbécile. Nous perdons l'instinct de l'amusement en grandissant, nous devenons graves et affairés. Les enfants nous rappellent ce qui compte vraiment.

Ils semblent aimer bousculer le quotidien. Trompez-vous de mot dans une phrase et ils se tordront de rire. Ils aiment quand les choses ne tournent pas rond dans le monde des adultes. Quand, comme le dit Penny Rimbaud, « la réalité consensuelle s'effondre ». Cela explique leur fascination pour les camions de pompiers : quelque part, l'univers des adultes est « kaput ». Comme les Mexicains fascinés par les accidents de voiture s'agglutinent autour de la scène pour prodiguer leurs conseils, les enfants se réjouissent lorsque le système parental minuté se grippe. La générosité et la bonté naturelle des gens peuvent émerger à cette occasion. Les catastrophes peuvent jouer un rôle libérateur de l'oppression où nous enferme le capitalisme industriel avec sa triste injonction permanente à l'efficacité. Quand nous étions enfants mon frère et moi, nous avons dû être secourus par hélicoptère de la côte rocheuse du Devon parce que mon père s'était trompé dans l'horaire des marées. C'est l'un de nos souvenirs d'enfance préférés. Je me souviens parfaitement de cet incident tant le plaisir de l'enlèvement dans les airs avait été intense. Une autre fois, nous étions en vacances au ski et mon frère et moi sortions seuls tous les matins boire un verre de limonade dans une brasserie. Un jour, mon frère laissa tomber le verre par terre, le faisant éclater en mille morceaux. Nous avons alors jeté un œil sur le patron, nous attendant à être grondés. Mais à la place, il laissa échapper un grand éclat de rire, une réaction magnifique parfaitement adaptée à l'incident. Je m'énerve toujours contre Henry quand il renverse des objets. Mais ne vaudrait-il pas mieux en rire ? Se fâcher ne contribue pas à nettoyer les saletés.

On dit que les enfants aiment les habitudes. Est-ce bien vrai ? Mes souvenirs d'enfance les plus marquants se distinguent inversement par le chamboulement des habitudes : des alarmes incendie à l'école, des verres cassés, l'allumette qu'on a laissé échapper dans une boîte de feu d'artifices, des pannes de voitures. Ces incidents donnent du piment à l'existence. J'apprends de mes enfants, avec une certaine lenteur, à en profiter. Un soir de Noël, notre camionnette est tombée en panne sur un rond-point alors que nous allions rendre visite à notre famille. J'étais seul avec les trois enfants à l'arrière et sans téléphone portable. Après un moment d'énervement, la suite fut assez réjouissante. Nous nous sommes rendus à pied à une station-service où le personnel me laissa appeler un dépanneur. Les enfants ont eu droit à un milkshake et des frites, des extravagances assez rares dans notre famille anticonsumériste. De retour à la camionnette, à 160 km de chez nous, j'ai eu la chance de tomber sur quelqu'un que je connaissais. Il nous aida à dégager la voiture du rond-point et à nous mettre en sécurité. Le dépanneur et la police sont alors arrivés, suivis de Victoria dans une autre voiture. Sur ce rond-point de l'A 303, j'avais finalement rencontré beaucoup de personnes et je suis arrivé à destination avec une histoire à raconter. Quand je raconte cette panne lors de dîners d'adultes, tout le monde prend un air apitoyé, supposant automatiquement que cela avait été un « cauchemar » – terme bien trop employé à mon goût – mais je les rassure en témoignant que je me suis vraiment bien amusé. Lors de ce genre d'incident, on se met dans les mains de la providence et on se réjouit des échecs des plans humains : ce sont les enfants qui me l'ont appris. Je me souviens clairement avoir fait le choix de considérer l'épisode comme une aventure et non comme un incident insupportable. J'ai adopté leur point de vue et j'ai vécu une histoire, un conte, une aventure. Il ne faut pas prendre la vie trop au sérieux. Mieux vaut en rire, comme les enfants. On apprend ainsi à faire face aux épreuves.

Le dessin, les tours de magie et les jeux

Delilah est assise et dessine des heures durant. Hier, elle nous a dit qu'elle voulait arrêter de regarder le film pour aller dans son lit et dessiner. Ses chats sont très jolis. Les graffitis d'Henry vont en s'améliorant. Il demande un plateau le soir pour dessiner au lit, comme sa sœur. Arthur veut dessiner des oiseaux. Les tours de magie constituent un autre centre d'intérêt pour Arthur et je recommande aux parents d'apprendre quelques tours. Aujourd'hui, j'en ai réalisé un avec Arthur : un spectateur choisit une carte dans le paquet. Arthur jette ensuite le paquet contre la fenêtre, les cartes tombent toutes par terre sauf… celle qui a été choisie, qui est restée collée de l'autre côté de la fenêtre ! Nous jouons aussi aux échecs et au backgammon. Pourquoi donc les gens ne jouent-ils pas aux cartes plus souvent ? Un paquet de cartes ne coûte presque rien et offre infiniment plus de plaisir et de variété qu'une Playstation ; on l'emporte partout, on peut l'utiliser quel que soit le nombre de joueurs et il peut même offrir certains moments de méditation. Le jeu de cartes est un jeu autonome, il ne nécessite aucune alimentation électrique. Un truc pour le parent oisif serait de jouer aux cartes après le dîner, au moins durant les mois d'hiver.

Découvrir le travail comme jeu et le jeu… comme travail

Henry aime beaucoup transporter des bûches dans son tracteur et les décharger à l'autre bout de la cour. De cette façon, il m'a appris à considérer une tâche pénible comme un agréable passe-temps. N'est-il pas incroyable qu'un homme expérimenté de quarante ans soit incapable d'utiliser son cerveau pour aimer travailler comme un enfant ? Nous avons déjà vu ce qu'en pensaient Locke et Rousseau. La même idée se retrouve chez Platon. Elle apparaît également dans les *Rural Rides* de William Cobbett[1] écrites en 1830. Cobbett décrit la façon dont il a initié son fils Richard à lire et à compter : « Il a appris à lire en jouant, étant le premier à se mettre au travail de son plein gré, pour trouver ce qui se disait de Thurtell [un meurtrier notoire pendu en 1824], car tout le monde en parlait autour de lui[2]. » Cobbett donna à son fils des additions à résoudre, en lui expliquant l'intérêt pratique de l'arithmétique : tenir les comptes d'une entreprise. Il laissa des additions traîner et Cobbett affirme que Richard a appris très vite parce qu'il avait choisi d'apprendre :

« Alors qu'on entend tellement parler d'éducation, laissez-moi demander combien cela coûte aux parents de faire apprendre à leur enfant l'arithmétique, combien de temps cela leur coûte aussi, et, bien plus grave, quelle mortification et quelle perte en termes de santé cela a coûté au pauvre garçon gourmandé, découragé qui devient crétin et stupide pour le restant de ses jours, juste parce qu'on lui a imposé une tâche qu'il aurait dû considérer comme un objet d'étude agréable[3]. »

Les enfants nous apprennent que le travail et le jeu peuvent se confondre. Nous pouvons utiliser cette intuition pour leur enseigner des connaissances utiles. Si le travail est volontaire, autonome, créatif, réalisé librement, alors est-ce du travail ?

1. William Cobbett, *Rural Rides*, Londres, Penguin Classics, 2001.
2. *Ibid.*, notre traduction.
3. *Ibid.*

Le parent oisif a la tâche importante d'effacer cette distinction dans sa vie et dans celle des enfants s'il désire l'autonomie et le bonheur.

Apprécier les plaisirs des cabanes

Selon Friedensreich Hundertwasser, le grand artiste et architecte du XXe siècle, le pionnier de l'écohabitat et l'ennemi des lignes droites, chacun doit construire sa propre maison. Pour lui, les plus belles maisons construites par leurs habitants sont les huttes d'Afrique du Nord et les cabanes des enfants. Il divise chaque être humain en une trinité spirituelle :

1. L'habitant ;
2. L'architecte ;
3. Le constructeur.

Pour Hundertwasser, dans un monde idéal, ces trois entités ne sont qu'une et même personne. C'est précisément le cas avec les enfants lorsqu'ils construisent des cabanes. Ils veulent instinctivement habiter, concevoir et construire leurs propres maisons, loin du royaume des professionnels… et des parents. Lorsqu'ils construisent des cabanes, les enfants reprennent le contrôle de leurs moyens de production : ils sont les habitants, les architectes et les constructeurs. La cabane crée l'harmonie entre ces trois aspects de la vie que la civilisation moderne sépare si souvent, professionnalise et externalise. Une simple vieille porte posée contre un mur est une affirmation d'indépendance et de créativité. La construction de cabanes s'accorde avec le principe spirituel d'utiliser ce que vous avez sous les yeux : les constructeurs de cabanes ne vont pas au supermarché pour acheter les matériaux. Aujourd'hui, notre instinct constructeur de cabanes a été standardisé et exploité par Ikea et Habitat, les vendeurs de meubles en kit. Quant à la décoration de sa propre cabane, c'est un plaisir éternel.

Apprenez donc de vos enfants à construire des cabanes dans les arbres, des cabanes au sol, des maisonnettes comme celle de Bourriquet, l'âne de Winnie l'Ourson. J'ai le projet, après avoir vendu ma camionnette, d'acheter une caravane délabrée et d'aménager joliment l'intérieur. Les caravanes et les camionnettes sont de vraies cabanes pour adultes. Sur roues. Pensez aussi à la fascination des enfants pour les nids ou les tanières des animaux, ces lieux de vie autoconstruits. Nous devrions tous construire notre propre maison. Ce n'est pas puéril, c'est naturel. L'enfant exprime un besoin spontané que la civilisation moderne a étouffé.

Le plaisir de faire du bruit

Les enfants font beaucoup de bruit, dont nous nous plaignons souvent. Or, chez l'adulte, le besoin inné de faire du bruit est réprimé. Nous devrions nous laisser aller un peu à taper sur des casseroles et à crier, de préférence autour d'un feu. Nul besoin d'être musicalement doué pour taper sur une casserole avec une cuillère en bois ou pour chanter. Même s'il est parfois utile de bénéficier de l'aide d'un professionnel. J'ai un jour invité le chef d'orchestre Charles Hazlewood à diriger un évènement musical dans notre salle des fêtes municipale. Il a organisé la soirée en s'inspirant de la tradition du Wassailing, où des groupes de gens font du porte à porte en chantant et en demandant de la nourriture et du punch chaud. Ils appellent leur chant un Wassail :

« Wassail et wassail partout dans la ville,
La tasse est blanche, et la bière est brune,

La coupe est blanche comme un vieux bouleau,
Comme le malt du meilleur houblon. »

Un célèbre exemple de Wassail est « We wish you a Merry Christmas » [Nous vous souhaitons un joyeux Noël] :

« Oh, apportez-nous un pudding aux figues ;
Oh, apportez-nous un pudding aux figues ;
Oh, apportez-nous un pudding aux figues ;
Et une coupe de bonne humeur. »

Et plus loin :

« Nous ne partirons pas sans cela ;
Nous ne partirons pas sans cela ;
Nous ne partirons pas sans cela ;
Alors apportez-le nous vite. »

Sous la direction de Charlie, nous avons appris ces chants tout en frappant des casseroles pour garder le rythme. Les enfants aiment chanter. Ils aiment le son des casseroles. Tout comme les adultes, même si les adultes semblaient moins à leur aise lors de cette sortie.

L'ancienne coutume du charivari, tradition préindustrielle décrite par l'historien E. P. Thompson, est une autre manifestation de bruit ritualisé. C'était une sorte d'expression d'hostilité contre un personnage local, par exemple un mari battant sa femme. Le charivari était composé, écrit Thompson :

« de bruits dissonants et assourdissants, de rires moqueurs et de mimiques obscènes. Le tout accompagné, selon la description de Thomas Hardy, du "vacarme des couperets, pinces, tambourins, seaux, cliquettes, crécelles, serpents, cornes à bouquin et autres instruments de musique primitifs". Mais, si de tels instruments "historiques" n'étaient pas à portée de main, le roulement de cailloux dans une bouilloire en fer-blanc – ou n'importe quelle improvisation avec des plaques de fer-blanc et des pelles – faisait l'affaire.

Un glossaire du dialecte du Lincolnshire (1877) définit ainsi la *rough music*: “Heurt de pots et de poêles. Joué parfois quand une personne très peu appréciée quitte le village ou est envoyée en prison” [1]. »

L'objectif d'un tel bruitage ritualisé était d'éviter la violence réelle. Le charivari peut être vu comme un exutoire d'un besoin humain inné. Je le recommande à la maison, à petite dose. Prenez des casseroles, mettez un caillou dans une boîte de conserve, distribuez les instruments et faites une procession autour de la maison. Inventez une chanson ou un Wassail. Quand vous serez assez sûr de vous, vous pourrez peut-être aller dans les rues pour produire votre propre Wassail. Car les enfants ont besoin de faire du bruit et nous aussi, les adultes. Nous ferions mieux, encore une fois, d'apprendre des enfants.

Aimer la liberté

Comme John Locke le faisait remarquer, les enfants aiment la liberté. Ils renâclent quand ils sont confinés. Ils sont de nature impérieuse et insolente. Le processus de civilisation par l'éducation parentale et scolaire revient à écraser cette nature et à imposer la docilité. À transformer des dieux en esclaves. Que les enfants résistent à ce processus, voilà qui devrait nous réjouir. Leur résistance ne souligne-t-elle pas l'aspect carcéral du système ? Nous devrions apprendre, grâce à eux, à résister nous aussi au conditionnement plutôt que de contraindre les enfants à descendre à notre niveau d'esclave. Oubliez les idées de comportement « bon » ou « mauvais »,

1. Edward Palmer Thompson, *Les Usages de la coutume. Traditions et résistances populaires en Angleterre. XVIIe-XIXe siècle*, traduit de l'anglais par Jean Boutier et Arundhati Virmani, Paris, EHESS, Gallimard, Seuil, 2015.

ayez au contraire à l'esprit les pôles « liberté » et « esclavage ». Accordez moins de place à l'autorité, plus de place à la liberté. Respectez ces petites créatures chez vous. Comme l'écrivait Bertrand Russell : « La vénération pour la personnalité humaine est le commencement de la sagesse dans tout problème social, mais avant tout dans l'éducation [1]. »

Le premier pas est de révérer votre propre personnalité humaine et de bien vous traiter. La recette ? Ajoutez du bruit, de la liberté, de la bêtise. Enlevez de l'orgueil. Ici et maintenant !

1. Bertrand Russell, *Essais sceptiques*, traduit de l'anglais par André Bernard, Paris, Les Belles Lettres, 2013, p. 209.

18

Les bons livres et les mauvais livres

> *« Pour la plupart des gens, étudier est un plaisir extrême. Car comme est vaste le monde de livres qui s'offrent au choix du lecteur sur tous les sujets, tous les arts, toutes les sciences ! »*
>
> Robert Burton [1]

Les chercheurs nous ont toujours dit qu'une maison pleine de livres donnera à l'enfant le goût de l'étude pour la vie. Les livres sont utiles. Ce sont des amis et des compagnons de route. On n'a jamais pu les surpasser technologiquement. Ils sont parfaits : portatifs, fabriqués avec une matière première renouvelable et recyclable, capables de montrer des mots et des images, le tout fonctionnant sans alimentation électrique.

Mais nous devrions faire attention. Il existe beaucoup de très mauvais livres pour enfants, bon marché, trop grands, trop ennuyeux même pour l'adulte. Les auteurs d'un certain

1. Robert Burton, *Anatomie de la mélancolie*, traduit de l'anglais par Bernard Hoepffner, Paris, José Corti, 2000.

poème surestimé, comptant environ dix-sept mots, au sujet d'un monstre dont le nom rime avec Buffalo devraient avoir honte[1]. Voilà un piètre ouvrage, une mauvaise plaisanterie qui prétend être de la poésie parce qu'on y trouve des rimes, mais si mal scandée et contenant des mots d'une telle pauvreté que l'on ne peut appeler cela un poème. De même, les histoires de Pierre Martin le facteur[2] vous emmènent au Purgatoire. Quant à lire *Oui-Oui*, je préférerais plutôt être étendu sur un chevalet pendant des heures.

Alors, au lieu de vous soumettre à l'opinion dominante en la matière et de laisser n'importe quel livre moisir chez vous, juste parce qu'il s'agit d'un livre et que les livres seraient bons par eux-mêmes, vous devriez n'autoriser que les « bons » livres. Par « bons » je ne veux pas dire « contenant une instruction moralisatrice », mais écrits dans une belle langue avec une histoire divertissante. N'oublions pas que les puritains ont promu la lecture car cela leur faciliterait le travail de lavage de cerveau.

Rousseau n'aimait pas les livres. « Je hais les livres » écrit-il dans l'*Émile*, par provocation sans doute. Pourquoi ? Il essaie de concevoir une enfance naturelle et rejette donc le monde moderne : « L'homme civil naît, vit et meurt dans l'esclavage : à sa naissance, on le coud dans un maillot ; à sa mort, on le cloue dans une bière ; tant qu'il garde la figure humaine, il est enchaîné par nos institutions[3]. [...] La société a fait l'homme plus faible[4]. »

1. Julia Donaldson, *Gruffalo*, illustré par Axel Scheffler, Paris, Gallimard, 2013.

2. Série télévisée britannique, qui a été diffusée en France sous le nom de *Pierre Martin*.

3. Jean-Jacques Rousseau, *Émile ou de l'éducation*, in *Œuvres complètes*, Tome IV, Paris, Gallimard, La Pléiade, 1969, Livre I.

4. Jean-Jacques Rousseau, *Émile ou de l'éducation*, in *Œuvres complètes*, Tome IV, Paris, Gallimard, La Pléiade, 1969, Livre II.

Ce sentiment semble aujourd'hui plus vrai que jamais. Nous sommes non seulement enchaînés par nos institutions, mais également piégés par le commerce nous réduisant à de simples consommateurs. Les livres, dit Rousseau, ne sont pas naturels :

« Sans étudier dans les livres, l'espèce de mémoire que peut avoir un enfant ne reste pas pour cela oisive ; tout ce qu'il voit, tout ce qu'il entend le frappe, et il s'en souvient ; il tient registre en lui-même des actions, des discours des hommes, et tout ce qui l'environne est le livre dans lequel il enrichit continuellement sa mémoire [...] Je hais les livres. Ils n'apprennent qu'à parler de ce qu'on ne sait pas [1]. »

Platon partage un point de vue similaire. Les livres rendraient les gens paresseux, car ils ne se fatigueraient plus à apprendre où à mémoriser un écrit. Une dépendance excessive aux livres – notre équivalent actuel serait une dépendance excessive aux écrans, aux moteurs de recherche et à la souris – pourrait retarder le développement de la mémoire. Il est difficile toutefois d'imaginer revenir à la vie sans livres du noble sauvage. J'aime beaucoup lire à voix haute à mes enfants. Ainsi, quand je fais la lecture à mes enfants, il faut que j'aime ce que je lis. Il faut ainsi trouver des livres appréciés par les deux parties. Je souhaite dans ce chapitre vous présenter quelques bons livres, sans moraline, enthousiasmants et qui vous accompagneront toute votre vie.

Je vais également vous recommander de la poésie, car elle est souvent oubliée. Lire de la bonne poésie à vos enfants est une façon d'éveiller en vous-même le plaisir d'en lire. Et songez donc à ces millénaires de poésie à redécouvrir. Il est

1. Jean-Jacques Rousseau, *ibid.*

donc très important que le livre vous plaise, sinon vous lirez trop vite, en comptant le nombre de pages qu'il vous reste à lire. Il n'y a pas de quoi se sentir coupable de sauter des mots, des phrases ou même des pages avec des enfants qui ne savent pas lire. Ils n'en sauront rien, vous arriverez d'autant plus tôt à la fin de l'histoire, vous leur direz bonne nuit, vous éteindrez la lumière, vous descendrez les escaliers pour vous rendre à la cuisine pour ouvrir la première bouteille de bière de la soirée.

Le parent ne doit pas s'ennuyer quand il lit. Évitons ces livres qui font également office de jouets. Par exemple, nous avons un livre avec des roues censé être à la fois un tracteur et un livre sur les tracteurs, mais finalement c'est un mauvais jouet et un mauvais livre. Avez-vous remarqué ces nombreux livres glorifiant les machines et propageant le mythe du progrès ? Henry a un de ces livres expliquant combien nous devions jadis travailler dur tous les jours, travail qui nous serait épargné aujourd'hui avec la moissonneuse-batteuse capable d'accomplir le travail de vingt hommes. Quelle propagande ! Après tout, ces hommes appréciaient sans doute de travailler en groupe. La moissonneuse a contribué à détruire la vie rurale en rendant le travail solitaire, mû par le profit et non par une alliance entre le travail et une vie conviviale de tous les jours.

Les pires livres sont les livres-puzzles. Toutes les pièces se perdent car il n'y pas de boîte pour les ranger. Quelle mouche a bien pu piquer leurs concepteurs – de jeunes hommes ambitieux travaillant dans les départements développement des grandes compagnies du jouet, je suppose. Et pourquoi les achetons-nous ? Nul besoin non plus des écrans pour apprendre à lire, ces gadgets se périment rapidement alors que les livres durent toute une vie. Faites donc des économies sur ces gadgets, vous pourrez vous acheter de la bière, du vin… ou d'autres livres.

Voici donc ma liste d'auteurs et de livres. À peu de frais, vous aurez une superbe bibliothèque. J'ai acheté certains de ces livres d'occasion, d'autres m'appartenaient déjà quand j'étais enfant et d'autres viennent de paraître.

1. Les Ahlberg : Janet (1944-1994) et Allan (né en 1938)

Je n'apprécie pas trop les livres modernes pour enfants. La plupart sont ennuyeux et ne font que promouvoir les valeurs dominantes de la société, le travail et les machines. Je fais une exception pour les ouvrages du couple Ahlberg et en particulier *Prune, pêche, poire*[1] et *Qui voilà !*[2], le seul livre-jouet que je recommande. Chaque page de *Qui voilà !* présente un trou, ce qui permet de deviner les détails de la page suivante. Les images sont drôles et je raffole des illustrations réalisées avec soin par Janet.

2. James Matthew Barrie (1860-1937) avec Peter Pan

Il s'agit d'un classique de la période edwardienne, par un Écossais également auteur d'un ouvrage sur le tabac et contemporain de Jérôme K. Jerome. Son *Peter Pan*, écrit en 1904, est une étude classique du désir de liberté. Il évoque, ce qui est commun à beaucoup de livres pour enfants, un territoire dépourvu de présence parentale. L'intention de Barrie était d'enchanter le monde : « Chaque fois qu'un enfant dit

1. Janet et Allan Ahlberg, *Prune, pêche, poire*, illustré par Janet Ahlberg, Paris, Gallimard, 1978.
2. Janet et Allan Ahlberg, *Qui voilà !*, illustré par Janet Ahlberg, adapté de l'anglais par Marie et Raymond Farré, Paris, Gallimard Jeunesse, 1997.

"Je ne crois pas aux fées", il y a quelque part une petite fée qui meurt[1].»

3. William Blake (1757-1827)

Il n'est jamais trop tôt pour apprécier le bon vieux mysticisme anglais. George Orwell mentionne dans son essai *Pourquoi j'écris*[2] que son premier poème écrit à l'âge de cinq ans était inspiré d'un poème de William Blake «Le Tigre». J'ai plaisir à lire de la poésie aux enfants à l'heure du thé. Certains poèmes tirés de *Chants d'innocence et d'expérience*[3] sont assez simples pour en extraire quelques vers adaptés aux enfants. Et pendant la lecture, vous avez l'impression de vous cultiver en laissant la voix du barde frapper à la porte de votre conscience. Bien des instituteurs seront impressionnés en entendant vos enfants réciter du Blake à l'école. Blake, ce grand défenseur britannique de la passion, a été vilipendé par les nouvelles forces de la révolution industrielle et des «usines sombres et sataniques».

4. Enid Blyton (1897-1968)

On oubliera *Oui-Oui*, mais les livres de la grande série du *Club des cinq* et la série *La Forêt enchantée* ont passé avec succès l'épreuve du temps[4]. L'attrait du *Club des cinq*

1. James Matthew Barrie, *Peter Pan*, illustré par Stéphane Girel, traduit de l'anglais par Yvette Métral, Paris, Flammarion, 2003, chapitre 3.

2. George Orwell, *Pourquoi j'écris* in *Essais, articles, lettres*, traduit de l'anglais par Anne Krief, Michel Pétris et Jaime Semprun, Paris, Ivrea, 2017.

3. William Blake, *Chants d'innocence et d'expérience*, traduit de l'anglais par Pierre Leyris, in *Œuvres*, tome 1, Paris, Aubier-Flammarion, 2000.

4. «La Forêt enchantée» est une série parue chez Hachette comportant quatre titres dans la traduction française, traduits de l'anglais par Annie-Claire

repose sur l'indépendance des personnages. Alors que l'oncle Quentin et la tante Fanny restent à l'arrière-plan, les aventures des Cinq ne sont ni surveillées ni planifiées par les adultes. Vous n'aurez pas de titre comme *Les Cinq à l'aventure dans la voiture de leurs parents*. Les Cinq aident même les adultes dès que l'occasion se présente. Ils déjouent ainsi le complot des bandits voulant acheter l'île de l'oncle Quentin, car ils ont découvert une cachette recélant des lingots d'or. La série *La Forêt enchantée* est très imaginative avec son grand nombre de territoires différents, ses gobelins et autres créatures étranges. Ces livres peuvent se trouver d'occasion. Je préfère les éditions des années cinquante, car les dessins me semblent plus réussis et Anne plus jolie. Enid Blyton semblait d'une inspiration sans limite : elle pouvait écrire une aventure du *Club des Cinq* de cinquante mille mots en une semaine.

5. Raymond Briggs (né en 1934)

C'est l'un des plus géniaux écrivains et artistes contemporains pour enfants. Je lis et relis sans me lasser *Jim and the Beanstalk* [*Jim et le Haricot magique*] [1], *Fungus le Bogey* [2], *Histoire du Bonhomme de neige* [3] et le mélancolique *Quand souffle le vent* [4]. Chaque relecture réserve une découverte.

Clauzet et illustrés par Jeanne Bazin : *La Forêt enchantée*, 1984 ; *Rond de lune et ses amis*, 1985 ; *L'Arbre de tous les ailleurs*, 1985 ; *Au pays du bonhomme casseroles*, 1986.

1. Raymond Briggs, *Jim and the Beanstalk*, Londres, Puffin books, 2003 (non traduit en français).

2. Raymond Briggs, *Fungus le Bogey*, Paris, Garnier, 1982.

3. Raymond Briggs, *Histoire du Bonhomme de neige*, Paris, Grasset jeunesse, 2018.

4. Raymond Briggs, *Quand souffle le vent*, Paris, Garnier, 1983.

Briggs est une source d'enchantement sans fin. C'est un auteur qui a beaucoup à nous dire.

6. Lewis Carroll (1832-1898)

Lewis Carroll était le nom de plume du mathématicien Charles Lutwidge Dodgson. Inspiré par la jeune Alice Liddell (une joueuse d'ukulélé), il écrivit des livres sur Alice en laissant libre cours à son imagination fertile. Il n'y a pas de parents présents dans le monde d'Alice, uniquement suggérés par le pronom hostile « ils ». Mais les mondes où Alice se promène semblent être une caricature de la logique aberrante des adultes, avec des bureaucrates prétentieux au regard rivé sur la pendule et aux règles absurdes défiant la saine raison. Les livres *Alice aux pays des merveilles* et *De l'Autre côté du miroir*[1] montrent comment le monde des adultes peut paraître ridicule et troublant aux yeux d'une enfant intelligente. Tous les adultes sont risibles, vaniteux, cruels, prétentieux, sentimentaux, faibles, persécuteurs. Ajoutez à cela de l'excellente poésie – cela vaut la peine d'apprendre par cœur le poème « Jabberwock », à réciter en cas de coupure de courant – et les belles illustrations de John Thenniel et vous avez un travail de génie à lire et à méditer. C'est encore mieux de lire les textes à voix haute et d'essayer des dictions amusantes. J'aime imiter le morse hypocrite qui en rajoute dans *De l'Autre côté du miroir* :

« Le Morse dit : “Sur vous je pleure,
Sur vous je m'apitoie” »

1. Lewis Carroll, *Les Aventures d'Alice au pays des merveilles. Ce qu'Alice trouva de l'autre côté du miroir*, illustrations de John Tenniel, traduit de l'anglais par Jacques Papy, Paris, Folio classique, 2015.

7. Roald Dahl (1916-1990)

Mon ami et critique James Parker ne recommande pas la lecture à haute voix des ouvrages de Roald Dahl au parent oisif: « Ça braille tout le temps dans ses livres, c'est fatiguant! » À l'exception du lamentable *Charlie et le Grand Ascenseur de verre*[1], je ne suis pas de cet avis. J'aime lire du Roald Dahl aux enfants et en particulier *Danny, Champion du monde*[2] même si l'ouvrage a comme inconvénient de vous donner un sentiment d'infériorité quand il est question du père héroïque de Danny.

8. Daniel Defoe (1660-1731)

Rousseau, l'homme détestant les livres, fait une exception pour Robinson Crusoé écrit en 1719[3]. Rousseau déteste les *Fables* d'Esope et plus généralement toute histoire avec une morale. Mais Robinson Crusoé, pense-t-il, donne un bon exemple à son Émile: « Il servira d'épreuve, durant nos progrès, à l'état de notre jugement; et tant que notre goût ne sera pas gâté, sa lecture nous plaira toujours[4]. » Pour Rousseau, Robinson Crusoé éveillera chez l'enfant le désir d'acquérir une connaissance pratique. « L'enfant, pressé de se faire un magasin pour son île, sera plus ardent pour

1. Roald Dahl, *Charlie et le Grand Ascenseur de verre*, traduit de l'anglais par Marie-Raymond Farré, illustrations de Quentin Blake, Paris, Gallimard Jeunesse, 1978.

2. Roald Dahl, *Danny, champion du monde*, traduit de l'anglais par Jean-Marie Léger, Stock, 2010.

3. Daniel Defoe, *Robinson Crusoé*, illustrations de Christophe Blain, traduit de l'anglais par Petrus Borel, Paris, Gallimard Jeunesse.

4. Jean-Jacques Rousseau, *Émile ou de l'éducation*, in *Œuvres complètes*, Tome IV, Paris, Gallimard, La Pléiade, 1969, Livre III.

apprendre que le maître pour enseigner. Il voudra savoir tout ce qui est utile[1]. » Rousseau, ce qui est inquiétant, ne loue pas l'intérêt littéraire du livre, considéré comme un simple stimulant pour une activité utile, alors que le parent oisif aura davantage une approche valorisant « l'art pour l'art ». Soulignons que *Robinson Crusoé* est l'histoire d'un solitaire. Mais comment un individu isolé peut-il se débrouiller dans un milieu hostile ? Rousseau, lui aussi, a isolé son Émile. Le parent oisif souhaite au contraire entourer sa progéniture de compagnie. Nous croyons en la communauté. Plus on est de fous, plus on rit. Il s'agit d'un très bon livre pour les adultes également.

9. Charles Dickens (1812-1870) avec Un Chant de Noël

On peut lire du Dickens à des enfants assez jeunes. Le classique *Un Chant de Noël*[2], une critique de la cupidité, est idéal pour découvrir cet auteur, à lire au coin du feu au temps de Noël avec tous les enfants assis sur le fauteuil. Les parents apprendront à apprécier Dickens – encore un exemple de génie qui n'est pas allé à l'école, un écrivain sympathique et bien sûr si humain, au style fluide et imaginatif.

10. Arthur Conan Doyle (1859-1930), avec les enquêtes de Sherlock Holmes

Les enquêtes de Sherlock Holmes ont connu un succès phénoménal. Conan Doyle a toujours pensé que son héros volait la vedette à ses autres ouvrages, plus importants selon

1. *Ibid.*
2. Charles Dickens, *Un Chant de Noël*, Paris, J'ai lu, Librio, 2013.

lui, sur la théosophie et la spiritualité. Nous lui sommes cependant très reconnaissants de nous fournir tant de bonnes lectures. Aux yeux de l'écrivain britannique pour enfants Michael Morpurgo, *Le Chien des Baskerville*[1] est la meilleure introduction à Sherlock Holmes. Mais toutes les histoires conviennent très bien à une lecture à voix haute car le style est très clair et très précis. Une belle veine d'humour traverse ces enquêtes. Saurez-vous imiter la voix fluette mais énergique de Sherlock Holmes ? Et la voix de Watson ne devrait-elle pas être imitée sur un ton moins niais que le Watson de l'imagination populaire ?

11. Kenneth Grahame (1859-1932)

Le Vent dans les saules[2] combine la peinture d'un univers enchanté avec une dénonciation satyrique du futurisme et du capitalisme incarnés par le personnage de Monsieur Crapaud. Il serait aujourd'hui un accro à l'ordinateur, continuellement en train de le mettre à jour et de parler à ses amis du dernier réseau social en date. Rat, Taupe et Blaireau incarnent une approche plus providentielle et traditionnelle de la vie, où la facilité, le plaisir et l'abondance viennent à ceux qui les attendent. L'addiction de Crapaud à la conduite automobile peut être vue comme une métaphore de l'alcoolisme. Les tentatives de Blaireau et de la police pour le sevrer et les ruses que déploie Crapaud pour les fuir racontent tout le processus de l'addiction. Crapaud serait aujourd'hui une sorte de Peter Doherty ou de Winehouse.

1. Arthur Conan Doyle, *Le Chien des Baskerville*, Paris, J'ai lu, Librio, 2013.
2. Kenneth Grahame, *Le Vent dans les saules*, traduit de l'anglais par Gérard Joulié, Paris, Phébus, 2006.

12. Les frères Grimm, Jacob (1785-1863) et Wilhelm (1786-1859)

Même si les contes de Grimm sont parfois trop moralisateurs (« Et c'est ce qui arrive aux enfants pas sages »), je les lis beaucoup. J'ai cassé ma tirelire pour une édition grand format cartonnée avec des planches en couleurs réalisées par le morbide Arthur Rackham. Elle comporte de nombreuses scènes sanguinaires : *Hansel et Gretel*[1] choque toujours et *Le Petit Chaperon rouge*[2] est particulièrement horrible. Évitez à tout prix les versions modernes généralement édulcorées. Les contes de fée sont nés au XIXe siècle. Ils ont certes pu intéresser les adultes désireux d'inculquer aux enfants une morale du respect. Les puristes partisans du seul « art pour l'art » rejetteront donc ces contes. Mais je ne pense pas que les enfants assimilent des valeurs morales en lisant ces contes, même si elles sont explicites. Ils n'y font pas attention. Que l'histoire présente ou non une morale est accessoire.

13. Joel Chandler Harris (1845-1908)

Harris était un journaliste dans l'Amérique profonde du Sud. Il a aimé les histoires racontées par les esclaves noirs dans les plantations et les a rédigées. Ces histoires sont centrées autour du personnage farceur de Frère Lapin[3]. Des animaux

1. Jakob et Wilhelm Grimm, *Hansel et Gretel*, illustré par Arthur Rackham, traduit de l'allemand par Armel Guerne, Pau, éditions Corentin, 2012.

2. Jakob et Wilhelm Grimm, *Le Petit Chaperon rouge* in *Contes de Grimm*, traduit de l'allemand par Armel Guerne, illustré par Arthur Rackham, Paris, Bibliothèque nationale de France, 2017.

3. Joel Chandler Harris, *Le bébé de Goudron et 15 autres aventures de Frère Lapin*, traduit de l'anglais et adapté par Catherine Chicandard, illustré par Doris Smith, Paris, Les Livres du Dragon d'or, 1995.

qui parlent, font des farces et des jeux pour jouer des tours à des adultes : une réussite !

14. Charles Kingsley (1819-1875)

Le livre *Les Bébés d'eau*[1] m'enchantait quand j'étais enfant, en particulier le héros, Tom, un pauvre ramoneur se métamorphosant en un petit chérubin muni de nageoires qui rejoint un monde sous-marin magique. D'autres mondes fascinent également les enfants comme ceux de Narnia [voir n°17], de Peter Pan [voir n°2], de Monsieur Benn[2], et *À la croisée des mondes*[3] pour les plus grands. J'aimais bien Mme Doasyouwouldbedoneby [Traite-les-autres-comme-tu-aimerais-qu'ils-te-traitent] dans *Les Bébés d'eau.* Elle est superbe. Le doux Kinsgley, chrétien radical-socialiste, tente de nous communiquer une certaine morale. On pourrait taxer ce livre de sentimentalisme comme ceux de Dickens et d'autres ouvrages de l'époque victorienne. Mais cette sentimentalité était une saine réaction horrifiée au traitement que le système industriel infligeait aux enfants. Aucune époque n'a imposé tant de souffrance à une telle échelle avec tant de cruauté méthodique. La proclamation radicale de l'innocence de l'enfance commence avec Blake, et Kingsley s'inscrit dans cette lignée.

1. Charles Kingsley, *Les Bébés d'eau. Conte symbolique*, adapté de l'anglais par Henriette Mirabaud-Thorens, Paris, Dorbon aîné, 1914.

2. Monsieur Benn est une série de livres pour tout-petits conçue par David McKee (né en 1935).

3. Philip Pullman, *À la Croisée des mondes*, trilogie traduite de l'anglais par Jean Esch, Paris, Gallimard Jeunesse, 2017.

15. Rudyard Kipling (1865-1936), avec Le Livre de la Jungle

Je suis d'accord avec Oscar Wilde : je préfère la bonne littérature à une bonne morale. Alors nous pouvons aimer *Le Livre de la Jungle* de Kipling écrit en 1894 [1]. Selon James Parker, déjà cité : « Les scènes de combat sont extraordinaires et facilement imaginables dans leur vigueur même par un enfant pouvant être déboussolé par le style. »

Les bons livres vous rendront plus cultivé. Grâce à l'heure de la lecture, vous deviendrez une fontaine de savoir. Vos amis vous demanderont conseil et vous aurez votre point de vue et vos théories. Pour rendre les livres pour enfants intéressants, vous avez besoin de vous y intéresser. Vingt minutes de lecture par soirée avec les enfants vous feront aborder une vaste palette de littérature.

16. Edward Lear (1812-1888)

Nous nous sommes bien amusés avec *Les Mélis-Mélos* [2], *Sire Hibou et Dame Chat* [3], *The Dong with a Luminous Nose* [Le Dong au nez lumineux] [4] et *The Pobble who had no Toes* [Le Pobble sans orteils] [5]. Lear était le vingtième des vingt-et-un enfants d'un banquier ruiné. Je lis ses poèmes pendant le thé,

1. Rudyard Kipling, *Le Livre de la Jungle*, traduit de l'anglais par Louis Fabulet, Robert d'Humières, Paris, Flammarion, 2011.

2. Edward Lear, *Les Mélis-Mélos*, traduit de l'anglais par Henri Parisot, illustré par Ted Rand, Paris, Flammarion, 1990.

3. Edward Lear, *Sire Hibou et Dame Chat*, traduit de l'anglais par Lucie Papineau, illustré par Stéphane Jorisch, Editions Dominique et compagnie, 2008.

4. Edward Lear, *The Dong with a Luminous Nose*, Londres, Faber, 1969. Non traduit.

5. Edward Lear, *The Pobble who had no Toes*, New York, Viking Press, 1978. Non traduit.

et à force de les répéter, mes enfants commencent à connaître des passages par cœur. La répétition est un bon pli à prendre, car elle exerce la mémoire et transmet le sens du rythme et des rimes. Même notre petit Henry arrive à les réciter :

« Peu nombreux et lointains, lointains et peu nombreux
Sont les pays où vivent les Mélis-Mélos ;
Ils ont la tête verte et ils ont les mains bleues,
Et c'est dans un Tamis qu'ils voyagent sur l'eau. »

Les poèmes de Lear plaisent aux adultes car ils traitent de sujets d'adultes : l'amour, la perte, le manque et le désir de s'enfuir dans un pays lointain. Les Méli-Mélos dressent l'éloge d'une excentricité sans complexe. Lorsque les Méli-Mélos s'en vont en bateau, tous les gens à la maison prédisent une catastrophe :

« On leur a crié : "Vous allez vous noyer !" »

Mais quand les Méli-Mélos reviennent à la maison et quand les sceptiques victoriens rivés à la terre ferme voient comme ils ont grandi, ils changent d'avis :

« Et chacun déclara : "si Dieu nous prête vie,
Nous nous embarquerons, un jour, dans un Tamis,
Vers les vertigineux sommets de Chankly Bore." »

Lear est un maître du rythme et des rimes, et ses livres traduits en français sont bon marché.

17. Clive Staples Lewis (1893-1963) avec Le Monde de Narnia

Le grand charme du *Monde de Narnia*[1], mis à part l'absence totale des parents, est l'atmosphère médiévale recréée par Lewis où les qualités comme l'honneur, la vertu, la

1. Clive Staples Lewis, *Le Monde de Narnia*, traduit de l'anglais par Philippe Morgaut et illustré par Pauline Baynes, Paris, Folio Junior, 2008.

chevalerie, la courtoisie sont essentielles et où la dignité et la beauté sont centrales. Lewis a été professeur d'anglais du Moyen Âge et de la Renaissance à l'université de Cambridge de 1954 à sa mort. Les enfants aiment beaucoup le Moyen Âge, sans doute pour son aura de passions et de splendeur. On retrouve la même ambiance dans certains films de Disney et dans *Shrek* par exemple. Nous avons lu tout Lewis à nos enfants. Comme Roald Dahl, il n'a pas peur d'utiliser ses livres pour faire passer ses idées personnelles. Il était opposé à l'instruction laïque selon lui désenchanteresse. Dans *Le Fauteuil d'Argent*, l'un des épisodes du *Monde de Narnia*, deux enfants vont à l'école dans un établissement où règne le harcèlement, où sont bannis les livres évoquant des dragons et où les parents des enfants sont végétariens.

18. Alan Alexander Milne (1882-1956)

Les histoires de *Winnie l'ourson*[1] et *Now we are six*[2] [Maintenant, nous sommes six] fournissent une matière à spéculer sans fin : tous les personnages animaliers de Milne sont-ils des archétypes jungiens ? Jean-Christophe, ami de Winnie, est-il une sorte de Dieu chrétien pour animaux ? Winnie a-t-il raison de se laisser porter par le flot de la vie tel un moine taoïste ? Devons-nous nous apitoyer sur Porcinet, ou bien s'agacer de son air misérable ? Et pourquoi Jean-Christophe n'a-t-il pas d'amis ? Est-il en réalité un personnage triste et solitaire, cherchant du réconfort dans ses peluches ?

1. Alan Alexander Milne, *Winnie l'ourson*, illustré par Ernest Howard Shepard et traduit de l'anglais par Pierre Martin, Paris, Hachette, 1979.
2. Arthur Alexander Milne, *Now we are Six*, Londres, Puffin Books, 1992.

19. Beatrix Potter (1866-1943)

Ses illustrations sont magnifiques. Ses contes peu nombreux, jamais sentimentaux, laissent beaucoup de place à l'imagination. Certains, comme *L'Aventure de Monsieur Tod*[1], sont assez sombres. Selon l'écrivain Graham Greene, Beatrix Potter, dont il qualifiait le style de « doucement détaché » a dû souffrir d'une sorte de crise entre ses premiers contes plus simples comme *Pierre Lapin* (publié en 1902 avec cinquante mille exemplaires vendus dès la première année)[2] et *Tom Chaton*[3], et les derniers, plus complexes et plus déroutants, comme *Rebondi Cochonnet*[4]. Il écrit que Beatrix Potter avait dû traverser une forte épreuve émotionnelle ayant changé le caractère de son génie. Potter écrivant à Greene balaya la supposition d'un revers de la main, lui disant qu'elle n'était pas une fan des théories de Freud et que la seule épreuve qu'elle avait subie était un épisode de grippe. Toutefois, selon une récente biographie de Potter, elle aurait été traumatisée par la mort de son fiancé en 1905.

20. Les Contes des Mille et une Nuits

Récemment, je lisais à mes enfants *Les Garennes de Watership Down* de l'auteur britannique Richard George Adams[5].

1. Beatrix Potter, *L'Aventure de Monsieur Tod*, Collection Beatrix Potter – La bibliothèque de Pierre Lapin, Paris, Gallimard Jeunesse, 2002.
2. Beatrix Potter, *Le Grand Livre de Beatrix Potter*, traduit de l'anglais par Laurence Model et Michel Beauvais, Paris, Gallimard Jeunesse, 2007.
3. Beatrix Potter, *Tom Chaton*, Collection Beatrix Potter – La Bibliothèque de Pierre Lapin, Paris, Gallimard Jeunesse, 2002.
4. *L'Histoire de Rebondi Cochonnet*, disponible en français seulement en VHS in *L'Histoire de Pierre et Jeannot Lapin*, Citel vidéo, 1999.
5. Richard George Adams, *Les Garennes de Watership Down*, traduit de l'anglais par Pierre Clinquart, Paris, J'ai lu, 1986.

J'avançais péniblement dans ma lecture, me mettant régulièrement en colère en raison de l'incapacité des enfants à rester assis tranquillement. Un soir, je jetai le livre à travers la pièce. La nuit d'après, je tombai sur un exemplaire des *Contes des Mille et une Nuits*[1] qui traînait et nous avons commencé à lire Ali Baba et les quarante voleurs. Je fis une pause au bout de deux pages et vis trois paires d'yeux en train de me regarder, émerveillés. Voilà ce qu'il fallait ! Des bijoux, des grottes, des génies, des cadavres coupés en menus morceaux et suspendus aux parois, des voleurs jetés dans l'huile bouillante, des allusions à la bagatelle, des beuveries, des festins, des danseuses et des couples qui s'enivrent d'amour jusqu'au matin. Ces contes donnent un bon aperçu de la vie quotidienne dans l'Islam médiéval. Sensuels, fantastiques et palpitants, ils offrent une satire de la religion. Le brigand clamant : « Allah est grand ! » ne fait en réalité que suivre sa volonté propre. Il n'y a pas une trace de moralité puritaine dans ces contes : Aladin et Ali Baba sont irréductiblement paresseux et indolents. Ils deviennent riches par pur hasard. Advienne que pourra, le dur labeur n'est pas nécessairement récompensé. Le destin, lui, peut travailler de façon mystérieuse.

Encore un mot sur l'art de raconter des histoires : la lecture des livres ou le visionnage d'un DVD ont remplacé l'ancienne coutume de raconter des histoires de mémoire. Or ce qui compte, ce ne sont pas tant les livres que les histoires. Il vaut mieux raconter une histoire sans se référer à un livre. Le livre peut devenir une barrière entre le conteur et le « conté ». Un soir, nous étions partis camper et j'avais perdu ma lampe-torche. Les enfants exigèrent une histoire à brûle-pourpoint

1. *Les Mille et une Nuits*, traduit de l'arabe par Joseph-Charles Mardrus, illustré par Léon Carré, Paris, Chêne, 2016.

et j'ai dû me fier à mes propres ressources pour en inventer une. Les enfants se souviennent mieux de telles histoires que de celles lues dans un livre. Vous pouvez aussi raconter facilement un conte de mémoire, comme *Le Petit Chaperon rouge* par exemple. C'est aussi plus amusant, car on peut enjoliver à sa manière.

Voilà ce que dit Philip Pullman : « On devrait commencer à lire des histoires aux enfants très tôt. On devrait encourager les enseignants à raconter des histoires, je veux dire raconter de mémoire et non lire, ni réciter comme un perroquet ; avoir l'histoire aussi bien en tête que votre adresse ou votre numéro de téléphone. J'encourage tous mes étudiants à le faire. Si vous vous passez de livres et si vous vous trouvez devant une classe avec une trentaine de paires d'yeux qui vous fixent, vous vous sentirez d'abord très nu, très vulnérable. Ceux qui ont fait cette expérience m'ont dit : "Cela s'est très bien passé, j'étais étonné". Tout enseignant devrait faire de la place dans sa tête et dans son emploi du temps pour raconter une histoire chaque semaine de l'année scolaire[1]. »

Nous pourrions mémoriser une histoire comme *Hansel et Gretel.* Et encourager les enfants à la raconter à certains moments. Les enfants semblent mieux se concentrer quand il n'y a pas de livre. L'adulte éprouvera un sentiment satisfaisant de créativité, de l'amusement et plus encore s'il raconte sa propre version du conte. J'ai même inventé une histoire l'autre jour pour Henry où il était question d'un grand et d'un petit tracteur. La voici. Un petit tracteur, jamais utilisé pour transporter du foin au bétail, restait tristement dans la grange, jusqu'au jour où les vaches s'enfuirent dans un petit

1. Philip Pullman in Andrew Simms et Joe Smith, *Do Good Lives Have to Cost the Earth ?*, Londres, Constable, 2008.

pré dans un recoin du domaine. Le grand tracteur était trop grand pour entrer dans le pré. Alors le petit tracteur fut appelé à la rescousse. Cela a paru plaire à mon fils, qui m'a dit le lendemain :

« Papa, tu devrais écrire cette histoire de tracteurs.

– Tu crois vraiment ?

– Oui, et puis la publier. »

C'est ce que j'ai fait.

J'aimerais encore donner le conseil suivant aux parents : où que vous alliez, ayez toujours un bon livre sur vous, pour ne pas vous ennuyer. C'est ainsi que j'ai récemment profité d'un très beau moment d'oisiveté parentale. Un jour, accompagné de mes trois enfants, nous avons manqué le train pour Londres. Il y avait une heure d'attente jusqu'au train suivant. J'étais paniqué : comment allai-je occuper les enfants durant une heure ? Je me suis alors souvenu de ma philosophie. Nous nous sommes installés dans la salle d'attente. Je me suis assis et j'ai sorti mon livre, *Les Portes de la Perception* d'Aldous Huxley [1] : « C'est ainsi qu'il se fit que, par une brillante matinée de mai, j'avalai quatre décigrammes de mescaline dissoute dans un demi-verre d'eau, et m'assis dans l'attente des résultats. » Les enfants jouaient tranquillement à mes pieds. Après une demi-heure environ, une dame assise à côté de moi se pencha et murmura : « Félicitations, vous êtes capable de lire tout en surveillant trois enfants ! »

Vous voyez, l'éducation oisive, cela marche.

1. Aldous Huxley, *Les Portes de la Perception*, traduit de l'anglais par Jules Castier, Monaco, éditions du Rocher, 2000, p. 16.

19
Oubliez les ordinateurs
Vers une éducation Tao

> *« Peut-être, dans l'avenir, quand les machines seront parvenues à un état de perfection – car j'avoue que, comme Godwin et Shelley, je crois à la perfectibilité des mécanismes – alors peut-être, il sera possible à ceux qui, comme moi, le désirent, de vivre dans un isolement plein de dignité, entouré des attentions délicates de machines silencieuses et gracieuses, et totalement à l'abri de toute intrusion humaine. C'est là une pensée magnifique. »*
>
> Aldous Huxley [1]

Les enfants ne savent plus jouer. Personne ne leur apprend plus. Certains s'inquiètent, s'interrogeant sur notre époque dominée par les écrans. Trop sollicités dès la naissance par la télévision et l'ordinateur, les enfants s'habituent à une intense profusion de couleurs, de musiques et de paroles, ainsi qu'à

1. Aldous Huxley, *Jaune de Chrome*, traduit de l'anglais par Jules Castier, Paris, la Jeune Parque, 1950.

vivre par procuration. Apeurés par des parents persuadés que le vrai monde est plein de dangers, les enfants sont confinés dans un monde virtuel dépourvu d'égratignures au genou, d'eau glacée, d'arbres, de forêts, de clous. Juste un écran, une souris et un grand isolement. Est-ce là notre vision de l'avenir pour nos enfants ?

Je déteste les ordinateurs. Je préférerais me servir d'une plume, d'un flacon d'encre et de la Poste. Le premier jet de ce livre a été rédigé à la main avec un stylo à plume. Mais je ne suis pas un fanatique néoluddite. J'utilise un ordinateur pour mes courriels et parfois pour acheter des livres. Je consulte les horaires des trains en ligne et je visionne des vidéos YouTube à l'occasion. Toutefois, tout ce que l'on peut réaliser par ordinateur peut aussi l'être sans, comme lorsqu'il n'existait pas. Il est plus divertissant et satisfaisant d'envoyer et de recevoir des lettres ou de parler au téléphone que de communiquer par courriel. Ou encore d'aller dans un magasin de livres d'occasion que d'acheter sur Internet. Vous pouvez tomber sur des perles rares ou discuter avec un libraire qui vous dispensera de bons conseils. L'achat en ligne est un acte solitaire, prévisible et souvent frustrant. Il est, je trouve, plus satisfaisant de préparer ses voyages avec l'aide d'une grille horaire papier ou d'aller directement se renseigner auprès du guichetier en gare. Il me semble aussi que la petite sélection de livres de référence que je vous ai proposée dans le chapitre précédent offre plus d'intérêt que les recherches Google et les entrées peu fiables de Wikipédia. Les livres procurent également un plaisir physique. Vous pouvez tomber sur une entrée de dictionnaire fascinante en consultant telle définition. Ils n'ont pas besoin de batteries, ne se cassent pas et ne dépendent pas d'une connexion Internet.

Les geeks semblent avoir pris la main sur le monde : les solitaires antisociaux étaient jadis le genre de personnes à éviter, mais aujourd'hui, ils sont devenus un modèle. « The medium is the message ! » Les blogueurs sont souvent imbus d'eux-mêmes. Les courriels manquent de politesse. L'utilisation de l'ordinateur est intrinsèquement associée à la peur de la nature. L'ordinateur rend asocial, froid, malade, pâle, conventionnel.

Le monde des écrans est financé par les publicités des multinationales. Ils contribuent au développement des plus grandes compagnies qui ont les moyens d'accoler leur nom orwellien sur MySpace, YouTube ou Facebook. L'espace pour les petites entreprises se voit donc réduit. Au lieu de prendre le risque de monter notre propre entreprise, nous sommes embauchés par les multinationales. Les chaînes de supermarchés, par exemple, emploient des salariés qui, il y a quelques décennies, auraient travaillé dans des petits commerces ou géré leur propre affaire.

Les vies rivées à l'écran accélèrent la croissance de la mégamachine au lieu d'augmenter la liberté individuelle, contrairement à l'une des prétentions affichées d'Internet. Au quotidien, les écrans sont mauvais, car ils créent une variété infinie de besoins chez l'enfant : « Je peux avoir ? Je peux avoir ? » Le flot de publicités porte l'enfant à croire dès son plus jeune âge qu'il vaut mieux être riche pour acheter tout cela et être heureux. Nous devrions favoriser les situations où les enfants sont libres de jouer, comme au temps où on les mettait dehors à neuf heures du matin avec un bout de pain pour les voir réapparaître au dîner. Même dans la ville où j'ai passé mon enfance, nous sortions nous promener à vélo toute la journée sans aucune surveillance. Les programmes de la télévision peuvent certes être intéressants, mais le sont-ils autant qu'une cabane dans les arbres ou que rester auprès du feu de cheminée à écouter des histoires ? Non ! On trouve des plaisirs plus délicats, plus profonds et gratuits, là, dehors, loin d'un écran.

La romancière britannique Flora Thompson (1876-1947), dans sa trilogie *Lark Rise to Candleford*, [De Lark Rise à Candleford] [1] dresse un portrait coloré de la vie des pauvres dans l'Angleterre rurale. Ne vivant qu'avec dix shillings par semaine, ils arrivaient à se divertir, et leur enfance était sans doute plus libre qu'aujourd'hui. C'était un monde sans eau courante, avec le cochon dans le jardin et où les toilettes se trouvaient à l'extérieur. Même s'ils avaient peu de festivals et de danses, les gens étaient forts et heureux. Ils n'avaient pas été affaiblis et ramollis par la civilisation et l'excès de confort. La même observation s'applique aux enfants :

« Autour des maisons du hameau, jouaient de nombreux enfants en bas âge, trop petits pour aller à l'école. Tous les matins, on les emmitouflait dans une grosse écharpe croisée sur la poitrine et fermement attachée par un nœud dans le dos. On leur mettait un morceau de pain dans la main et on leur disait "d'aller jouer" alors que leurs mères vaquaient à leur ménage. En hiver, transis par le froid, ils sautillaient en jouant aux chevaux ou aux machines. L'été, ils faisaient des tourtes avec de la poussière en l'humidifiant avec l'eau des cabinets. S'ils tombaient ou se faisaient mal, ils ne se refugiaient pas à la maison pour être consolés, car ils savaient qu'ils auraient droit à : "Cela t'apprendra ! Il faut regarder où tu marches !" [2] »

1. Flora Thompson, *Lark Rise to Candleford*, Londres, Penguin, 2008. Non traduit.
2. *Ibid.*, notre traduction.

On peut s'inspirer du peuple des Yekwana. Liedloff raconte qu'ils ne s'apitoient pas sur le sort d'un enfant qui se fait mal. Ils attendent qu'il se lève et les rattrape.

Cette attitude rend les enfants plus endurants, comme ceux de Lark Rise :

« Ils recevaient aussi peu d'attention que des jeunes poulains sevrés. Ils avaient assez souvent des nez qui coulaient, des égratignures sur les mains, les pieds et le bout des oreilles mais ils étaient rarement assez malades au point de devoir rester à l'intérieur, ils grandissaient solidement, alors le système a dû leur convenir. "Cela rend endurants" justifiaient les pères, et ils le devenaient en effet tout comme les hommes, les femmes, les garçons et filles plus âgés l'étaient devenus, physiquement et mentalement [1]. »

Pour ces enfants, marcher cinq kilomètres pour aller à l'école ou huit kilomètres pour se rendre au marché ne les impressionnait pas. Malgré ou peut-être en raison de leur pauvreté, ils devenaient des êtres sociaux, forts et autonomes, en contraste certain avec nombre d'enfants et d'adultes aujourd'hui gâtés et surprotégés, si souvent plaintifs, s'apitoyant sur eux-mêmes et malpolis. On inventait soi-même ses divertissements. Les enfants inventaient leurs propres mondes imaginaires dans les bois et les prés le jour, et la nuit les grands-parents leur racontaient des histoires.

Le monde numérique atomise et divise les familles en des groupes d'individus qui poursuivent en silence leurs propres centres d'intérêt par le biais de l'ordinateur. Comme Philippe Pullman le dit :

« La fragmentation de la vie familiale est patente surtout si chaque membre a ses propres smartphone, ordinateur,

1. *Ibid.*, notre traduction.

console de jeux ou télévision et si rien ne les réunit sauf le fait de vivre sous le même toit. Ils vaquent à leurs occupations et ne se parlent pas. La plus grande part de leur attention n'est pas consacrée à l'entretien de l'unité du groupe, mais à leur propre satisfaction. Je trouve cela terrible[1]. »

Ce processus d'isolement de l'individu de la communauté existe depuis… 1535. Dans le sillage du roi Henri VIII qui a voulu détruire l'ancien style de vie, le peuple britannique communautaire a commencé à se disloquer en une agrégation d'individus, comme le dit Wimbush dans l'épigraphe de ce chapitre. Notre créativité et notre identité s'expriment aujourd'hui dans nos achats. Comme le dit le chanteur Penny Rimbaud : « Je pense, donc j'achète. »

Nous devrions prendre garde au langage utilisé par l'ordinateur. Avez-vous remarqué comme les ordinateurs nous « autorisent » à exécuter telle ou telle action ? Une application Facebook vous « autorise » à envoyer une carte d'anniversaire à chaque membre de votre groupe. Cela confère à l'ordinateur une autorité nous laissant graduellement de plus en plus de marge de manœuvre, ce dont nous devrions être reconnaissants. Le langage sans subtilité de l'informatique utilise quantité de points d'exclamations : « Invitez vos amis ! », « Consultez votre profil ! » « Connectez-vous sur MySpace ! » Quiconque respecte la beauté de l'écrit devrait se trouver attristé des abus infligés au langage par ces geeks et devrait rejeter la vision hobbesienne du monde découlant de l'informatique.

C'est difficile, je l'admets. Hier, Delilah m'a déclaré : « Je veux un ordinateur portable pour mon anniversaire. » Mais

1. Philip Pullman in Andrew Simms et Joe Smith, *Do Good Lives Have to Cost the Earth ?*, Londres, Constable, 2008. Notre traduction.

elle n'a que six ans ! Trois fois non ! Je ne dépenserai pas plusieurs centaines de livres pour qu'elle puisse se promener avec un appareil destiné à la couper de son entourage, et qui l'amènera à exiger encore d'autres achats.

L'ordinateur est une figure autoritaire et un moyen pour les grandes marques de s'assurer de nouveaux marchés. Les enfants savent mieux identifier Coca-Cola qu'un poireau. Coca-Cola dépense en effet plusieurs millions de livres par an dans son marketing. Il s'agit d'une des plus importantes multinationales, elle ne cesse jamais de faire de la publicité. Je suis toujours étonné quand j'entends des gens dire : « La publicité n'a aucune influence sur moi. » Si tel était le cas, les grandes firmes ne dépenseraient pas tant d'argent dans ce secteur. Imaginez un peu ce que l'on pourrait réaliser avec cet argent : construire de beaux bâtiments, créer de beaux jardins et parcs, semer, faire du pain, nourrir des gens, réaliser des œuvres d'art.

Comment nous, parents, pouvons-nous concrètement résister à la tyrannie des écrans ? Mon approche est pragmatique : ne pas interdire, mais réduire. Car l'interdiction renforce l'attrait du fruit défendu.

Nous avons récemment choisi un temps d'écran limité pour nos enfants à une heure par jour. J'avais d'abord penché pour une demi-heure. J'ai confié notre intention à un ami dont les enfants sont férus d'ordinateurs. Son fils se promène avec son ordinateur où qu'il aille. « Une demi-heure par jour ! Nous, nous essayons de les limiter à une demi-heure par heure ! » Un jour, ses garçons ont joué si longtemps sur l'ordinateur qu'ils avaient des brûlures sur les cuisses.

Afin de réduire le temps d'exposition aux écrans des enfants, vous devez leur proposer d'autres activités, leur apprendre comment jouer. Voici l'avantage du « Temps de la lutte». Si je leur apprends la lutte, ils pourront jouer quand je ne suis pas là. Dernièrement, après le thé, nous avons pris l'habitude d'aller dans le jardin pour jouer au croquet pendant une heure, c'est un jeu très amusant. J'ai été surpris par la fréquence de nos éclats de rire. Je me suis aperçu que les gens rient rarement devant leur écran de télévision ou d'ordinateur.

Quand je lance mes enfants dans un jeu, je peux me retirer et retourner à mes occupations. Dans une société plus naturelle, les enfants auraient joué dans des groupes plus grands, et les plus âgés auraient appris aux plus jeunes comment jouer, comme ils le font encore à l'école, en se transmettant comptines et jeux sur des générations. Les parents doivent aujourd'hui fournir un peu plus d'efforts pour transmettre s'ils ne veulent pas que leurs enfants deviennent les victimes faciles de la société de consommation.

Les jeux sur ordinateur sont à l'origine de disputes. «Je regrette le jour où ce jouet démoniaque est entré dans ma maison» m'a confié mon amie belge Julie au sujet de leur console Nintendo. Ses deux fils, dit-elle, se la disputent. Les ordinateurs divisent, c'est dans leur nature. Alors qu'un jeu de ballon rassemble.

Je me demande parfois comment le monde de la consommation peut sembler si attrayant pour les enfants. Pourquoi, s'ils ont le choix, préfèrent-ils jouer en ligne plutôt que d'aller jouer dans les prés? Peut-être en raison de la nouveauté perpétuelle? Est-ce parce que les mondes virtuels leur donnent l'impression de contrôler un univers qui échappe à leurs parents? Est-ce que l'ordinateur leur offre une promesse de liberté qui contraste avec leurs vies confinées, tout comme à l'adulte coincé dans un emploi rasoir? L'écran est indéniablement confortable: si Arthur est fâché ou triste, il ira jouer sur un site de jeux de rôles. Nous devons donc laisser davantage de liberté à nos enfants. Je me sens triste quand je songe aux vies heureuses mais pauvres de Lark Rise comparées à celles, riches, mais conflictuelles, des familles modernes. Que s'est-il passé ? Pourquoi sommes-nous devenus si pitoyablement dépendants, râleurs, anxieux, nerveux, craintifs ? Le parent oisif doit rendre de la vitalité, de l'épanouissement, du bien-être, de la satisfaction et du bonheur aux enfants mais aussi aux parents. Les parents déçus sont les pires, parce qu'ils sont ambitieux et espèrent que leurs enfants réussiront là où ils ont échoué.

Nous devrions surtout enseigner par l'exemple, pas de façon autoritaire. Si nous sommes heureux, ou au moins réjouis, et satisfaits de notre vie, l'enfant supposera naturellement que c'est normal. Des parents malheureux ne sont pas une bonne publicité pour leur façon de vivre. « Si c'est ce que tu penses, je vais faire le contraire pour ne pas devenir comme toi », se dira l'enfant. N'imposez pas des règles rigides : vos enfants n'auront pas matière à se rebeller.

Je me trouve dans l'âge d'or de la vie de famille. Les plus jeunes années sont passées. Fini les couches à changer. Des heures de sommeil en plus. Nos enfants ont aujourd'hui trois, six et huit ans. Il nous reste quelques années avant d'aborder l'épreuve de l'adolescence. J'ai réfléchi à la vie de famille, j'ai fait de nombreuses erreurs, et même si je suis parfois encore un peu déstabilisé, je suis certain de vouloir en profiter. Cela signifie rendre ma vie heureuse et le reste suivra. Je n'attends pas d'une épouse, d'un patron ou de mes enfants de me rendre heureux. Je suis conscient de l'importance du moment présent, car en réalité, c'est tout ce que nous avons. Lorsque les enfants sont petits, il est bien mieux d'être pauvre en argent (ou en crédit) mais riche en temps que l'inverse. Nous pourrons toujours manger et dormir dans un lit la nuit. Je préfère rester à la maison sans partir en vacances et conduire une vieille carcasse, ou même ne pas avoir de voiture du tout, plutôt que de travailler trop et de dépenser de l'argent durement gagné. Nul besoin de souffrir : je vais continuer à boire de la bière, à lire des livres et à jouer de l'ukulélé. Une vie sans plaisir, ce n'est pas une vie.

Bibliographie

Stephen J. Ball, *The Education Debate*, Bristol, Policy Press, 2013.

William Blake, *Chansons et mythes. Poèmes choisis*, traduit de l'anglais par Pierre Boutang, Paris, Editions de la Différence, 1989.

William Blake, *Œuvres*, présentation et traduction de Pierre Leyris, édition bilingue, Paris, Éditions Aubier/Flammarion, 1977.

Robert Hamlett Bremner, *Children and Youth in America: 1600-1865*, Harvard University Press, 1974.

Robert Burton, *Anatomie de la mélancolie*, Paris, José Corti, traduit de l'anglais par Bernard Hoepffner, 2000.

Gilbert Keith Chesterton, *Le Monde comme il ne va pas*, traduit de l'anglais par Marie-Odile Fortier-Masek, Lausanne, L'Âge d'Homme, 1994.

William Cobbett, *Cottage Economy*, Cambridge, Cambridge University Press, 2009.

William Cobbett, *Rural Rides*, Londres, Penguin Classics, 2001.

Maître Eckhart, *Sermons-Traités*, traduit de l'allemand par Paul Petit, Paris, Gallimard, 1961.

Barbara Ehrenreich, *Dancing in the streets*, New York, Metropolitan Books, 2006.

Manasobu Fukuoka, *La Révolution d'un seul brin de paille*, Paris, Guy Trédaniel, traduit de l'américain par Bernadette Prieur Dutheillet de Lamothe, 1983.

Barbara A. Hanawalt, *Growing Up in Medieval London: The Experience of Childhood in History*, Oxford, Oxford University Press, 1995.

Colin Heywood, *A History of Childhood: Children and Childhood in the West from Medieval to Modern Times*, Cambridge, Polity Press, 2001.

David Hockney, *Savoirs secrets. Les techniques perdues des maîtres anciens*, traduit de l'anglais par Pierre Saint-Jean, Paris, Seuil, 2001.

Tom Hodgkinson, *L'Art d'être libre dans un monde absurde*, traduit de l'anglais par Corinne Smith, Paris, LLL, 2017.

Aldous Huxley, *Île*, Paris, Plon, traduit de l'anglais par Mathilde Treger et révisé par Hélène Cohen, 2018.

Aldous Huxley, *La Philosophie éternelle*, traduit de l'anglais par Jules Castier, Paris, Points, 1977.

Aldous Huxley, *Les Portes de la Perception*, traduit de l'anglais par Jules Castier, Monaco, éditions du Rocher, 2000.

Aldous Huxley, *Jaune de Chrome*, traduit de l'anglais par Jules Castier, Paris, la Jeune Parque, 1950.

Conn et Hal Iggulden, *Le Boy's book*, Paris, Larousse, 2007.

Jerome K. Jerome, *Arrière-Pensées d'un paresseux*, traduit de l'anglais par Béatrice Vierne, Paris, Arléa, 1998.

Juvénal, *Satires*, traduit du latin par Pierre de Labriolle, François Villeneuve et Olivier Sers, Paris, Les Belles Lettres, 2002.

White Kennett, *The Charity of Schools for Poor Children*, Londres, Joseph Downing, 1706.

D. H. Lawrence, *De la Rébellion à la Réaction*, traduit de l'anglais par Béatrice Dunner, Monaco, Editions du Rocher, 2004.

John Locke, *Quelques Pensées sur l'éducation*, traduit de l'anglais par Compayré, Paris, Vrin, 2007.

Guillaume de Lorris & Jean de Meung, *Le Roman de la Rose*, Paris, Livre de poche, 1992.

Mawlana Djalal Od-Din Rumi, *Odes mystiqu*es, Paris, Seuil / Unesco, 2003, n° 455.

John Stuart Mill, *De la Liberté*, traduit de l'anglais par Laurence Lenglet, Paris, Folio Gallimard, 1990.

A.S. Neill, *Libres enfants de Summerhill*, traduit de l'anglais par Micheline Laguilhomie, Paris, La Découverte, 2004.

A.S. Neill, *The Free Child*, Traverse City, Jenkins, 1953.

Vladimir Nabokov, *Partis pris*, traduit de l'anglais par Vladimir Sikorsky, Paris, Laffont, 1999.

George Orwell, *Pourquoi j'écris* in *Essais, articles, lettres*, traduit de l'anglais par Anne Krief, Michel Pétris et Jaime Semprun, Paris, Ivrea, 2017.

Neil Postman, *Il n'y a plus d'enfance*, Paris, INSEP, 1996.

Jean-Jacques Rousseau, *Émile ou de l'éducation*, in *Œuvres complètes*, Tome IV, Paris, Gallimard, La Pléiade, 1969.

Bertrand Russell, *Essais Sceptiques*, traduit de l'anglais par André Bernard, Paris, Les Belles Lettres, 2013.

Andrew Simms et Joe Smith, *Do Good Lives Have to Cost the Earth?*, Londres, Constable, 2008.

Peter Stallybrass et Allon White, *The Politics and Poetics of Transgression*, Ithaca, Cornell University Press, 1986.

Edward Palmer Thompson, *Les Usages de la coutume. Traditions et résistances populaires en Angleterre. XVIIe-XIXe siècle*, traduit de l'anglais par Jean Boutier et Arundhati Virmani, Paris, EHESS, Gallimard, Seuil, 2015.

Flora Thompson, *Lark Rise to Candleford*, Londres, Penguin, 2008.

Peter H. Wagschal, *Learning Tomorrows: Commentaries on the Future of Education*, Santa Barbara, Praeger, 1979.

A. Zonderman, *Aspirations and Anxieties: New England Workers and the Mechanized Factory*, Oxford, Oxford University Press, 1992.

Remerciements

Tous mes plus vifs remerciements à Victoria et aux enfants, à mon éditeur Simon Prosser et mon agent Cat Ledger, ma relectrice Emma Horton et tous mes amis pour les discussions inspirantes sur ce sujet, en particulier Heather Hodson, Dan Kieran, James Parker, Murphy Williams, John Nicholson et John Lloyd, les mamans oisives d'Anvers Eefke et Julie, Penny Rimbaud et Bronwen Jones.

Table

Achevé d'imprimer sur Roto-Page
en mars 2021
par l'Imprimerie Floch à Mayenne
Dépôt légal : avril 2021
N° impr. : 98032
Imprimé en France